大夏书系·教育观察

好情境，就是好教育

Situation *Education*

英国教育观察

Educational observation of Britain

赵坡 / 著

华东师范大学出版社

全国百佳图书出版单位

目 录

1 | 序　做到理论理性与实践理性的统一

第一章　城市，教育生长的土壤

3 | 我们出发了

5 | 我迷路了

8 | 设计出来的巴斯城

10 | 免费开放的曼彻斯特博物馆

11 | 伟大的人民故事博物馆

13 | "彼得兔"的文化意义

15 | 持续250年才完成的杰作

17 | 那些可能被遗忘的温暖

19 | 让历史绽放在未来

21 | 为未来保留历史的足迹

23 | 失而复得的手机

第二章　学校，用底蕴滋养生命

29 | 名副其实的基督教堂学院

31 | 英国学校有教师专用厕所

33 | 英国学校的评估趋势

36 | 我们的目标是让学生快乐

38 | 全校一起来唱歌

40 | 礼仪课程何时进校园？

43 | 建一所令人惬意的学校

45 | 社会才是终极学校

第三章　管理，始终有人的影子

49 | 课堂纪律的差与社会秩序的好

51 | 英国教师这样管理课堂纪律

54 | 英国如何布置学科课室？

59 | 不断升级的七彩荣誉

62 | 为什么要采用数据管理？

65 | 按层次分班的利弊谈

第四章　教学，有趣、有料、有用

69 | 英国好课的标准是什么？

73 | 面向未来的烹饪课

75 | 细致分层的英国阅读课

77 | 一节数学课的含金量

82 | 你想不到的数学课

84 | 你教学生写寻人启事吗？

86 | 大家共同写一篇作文

88 | 全班这样记单词

90 | 创新从突破经典开始

92 | 让教学更有吸引力

97 | 那些从未想过的教学方法

99 | 是鼓励还是恐吓？

102 | 是放回去还是拿出来？

104 | 翻转学习的利和弊

106 | 先理解，再解决

109 | 如何开展问题教学？

112 | 四种有效的热身游戏

115 | 任务驱动下的有效参与

117 | 英国的形成性评价现状

第五章　学生，尊严与发展并重

121 | 校服要帅，妆容要靓

123 | 孩子们的职业理想

125 | 你的学生会分享吗？

127 | 找到学生的生长区

129 | 学生到底要学习什么？

132 | 请温柔呵护那些困难生

134 | 给特别学生的无痕之爱

136 | 那些当年我们做不到的事情

138 | 非凡创造与年龄有关吗？

第六章　教师，要有教师的模样

143 | 你为什么做教师？

145 | 你怎么知道自己是优秀教师？

147 | 英国卓越教师的标准是什么？

151 | 英国学校这样评价教师

154 | 放得开的英国教师

156 | 三个"open"

158 | 我们要做实践者

161 | 我们要好好保护孩子

164 | 做有诗人韵味的教师

169 | 学做会演讲的教师

171 | 做有领导力的教师

174 | 领导力的修炼需要健康

176 | 辨清基础性与学术性

179 | 英国教师是这样上课的

182 | 英国教师一周有多少节课?

184 | 让研究保有全部真相

186 | 那些影响深远的关键事件

第七章 思索，追寻思想的光芒

191 | 每个人都有自己的"小"

194 | 常回头看看走过的路

196 | 从关系走向规则

199 | 与日本留学生的交流

203 | 我们到底需要什么？

206 | 何时才能收起怀疑的眼光？

209 | 如何处理欺凌问题？

214 | 卓越不是教出来的

217 | 拒绝改变比未知可怕

219 | 回到出发点来评价

222 | 不要轻视任何经历

224 | 运动仅仅可以健身吗？

226 | 要意识到自己的盲区

228 | 传统在，传统文化教育就在

231 | 后记　为教育变革找一条出路

序　做到理论理性与实践理性的统一

2018年3月，我校赵坡老师被派往英国考察教育。在赴英考察的60天里，赵坡老师共撰写了84篇文章，并将之整理成这部名为"好情境，就是好教育：英国教育观察"的书稿。赵坡老师邀请我作序，我答应他为这本书写几句话。

通篇来看，这本书比较完整地呈现了英国基础教育的概貌，详尽地介绍了英国的考试评价制度、课堂教学现状、课程体系开发、学校文化建设、教师专业成长、社会教育环境等情况。客观地说，读者通过阅读此书，能够全面地增进对英国基础教育的了解。

当然，如果这本书仅仅起到了照相机的作用，那么就失去了应有的价值。难能可贵的是，赵坡老师在记录英国基础教育各种现象的同时，还对中英两国的基础教育做了相对客观的对比分析，融入了比较深刻的思考，特别是提出了一系列改善中国基础教育的方法。这些无疑增加了本书的阅读价值。

以《传统在，传统文化教育就在》这篇文章为例，赵坡老师记述了苏格兰人在重要场合穿方格裙的传统，指出这不仅保留了苏格兰人对民族服饰的自豪感，而且继承了苏格兰的传统文化。由此，赵坡老师想到了我国在春节期间写春联的习俗及现状，并担心地提到："如果家家户户都购买春联，那么春节贴春联的传统还存在吗？！"显然，赵坡老师认识到，传统持续完整的存在是传统文化教育的土壤。同时，赵坡老师呼吁大家都尽可能地写春联，并提出了一些通过学校教育推动青少年写春联的可行方法。

此外，赵坡老师根据他对英国基础教育的整体感受，提出了"好情境，就是好教育"的观点。我以为，这是抓住了教书育人策略的根本。美国心理学家勒温曾提出"心理场"的概念，强调了环境对人的言行有动力作用。当我们创建出与育人目标一致的教育环境时，育人目标便有了顺利达成的基石。基于此，家庭、学校、社会都要做出相应努力，创造出导向高度统一、更适宜学生成长的大环境，以彰显教育中人、物、事三种因素的合力。

赵坡老师在这本书稿中体现出的观察、叙事、思考、建设，较好地诠释了理论理性与实践理性相统一的教师专业发展理念。教育是一项影响深远的事业，要求每一位教育工作者都要尽力做到理论理性和实践理性，以最大限度地减少、避免因教育工作者的主观随意而对学生、对学校、对教育造成的诸多伤害。任何教育观点和教育方法，都不是一拍脑袋就想出来的，而是需要经过严谨的思考、论证。做到理论理性和实践理性，既是我对全校老师的希望，也是对赵坡老师进一步修改此书稿的要求。

赵坡老师对本书的出版非常重视，希望本书能成为精品。不过，需要说明的是，赵坡老师在与英国相关人员交流时，因为语言障碍等客观因素，一些讨论不够深入，这是本书的一大遗憾。希望读者能够就书稿内容与赵坡老师做进一步探讨，不断追求教育的真谛，同时帮助赵坡老师成长。

是为序。

田宝宏

博士、深圳市龙华中书院山长

第一章 ◆◇◆◇◆ 城市，教育生长的土壤

我们出发了

今天下午四点十分，我和家人告别，正式开启了赴英国考察的旅途。

此前的四五天，我的心情一直比较复杂。对家人的依依不舍，对陌生环境的过度焦虑，对学习的热切渴望等几种情绪交织在一起，我的心情变得低落而纠结。就在今天，妻子还跟我开玩笑说，那几天的我，一直板着脸，像别人欠我几百万似的。

但是，随着时间的临近，我的理性战胜了本能，心情开始由阴转晴。

对家人的依依不舍，对陌生环境的过度焦虑，对学习的热切渴望，都可算作我的本能。我有，别人也有。当我开始思考这些的时候，我开始慢慢变得理性。

我对家人依依不舍，家人又何尝不是？爸妈反复叮嘱我在外要小心，妻子对我在外所需想得细致周到，女儿一直念叨着我去英国的事情，儿子有时看不到我就会急着找爸爸……而我，作为家中的顶梁柱，此刻需要做什么呢？我当然需要让他们放心！我怎么才能让他们放心呢？一要表现出足够阳光的心态，二要表现出充分自信的处事能力。只有这样，家人才能放心我远行。

我对陌生环境的过度焦虑，又源自哪里呢？文化差异、习惯不同、语言障碍、安全保障等因素都会让我焦虑。其实，这些不都是老师经常给学生讲的适应新环境的问题吗？简单来讲，不就是尊重文化上的差异、积极准备所需工具及物品、密切注意各种细节要求吗？近一个月来，我接受了安全、文化、礼仪、语言等各方面的培训，这些虽然不能帮助我解决所有的问题，但至少让我早点知道需要准备什么、注意什么。也就是说，我已经具备了赴英国考察的基础。剩余的事，就是具体问题的解决，而这需要我以更乐观的心态对待。再说，我的背后还有一个强大的团队，我遇到事情时可以寻求他们的帮助。

我对学习的热切渴望，这实际上是好事，没必要把它变成压力。此次赴英考察，最起码可以让我了解英国教育的基本情况，从而可与中国教育做粗浅的比较。这种比较，会为我呈现看待问题的崭新视角，有利于我更加深入地认识教育规律、优化教育方法。如果英国教育有值得我学习的地方，那就是额外收获了。至于学习的内容及质量，那就要看我将遇到怎样的学校、怎样的教师和怎样的学生，毕竟办学、教学、为学都是非常个性化的事情，更何况还受制于我的观察角度、发现程度及思考深度。

而妻子比我想得更远。今天，她严肃地对我说："你对赴英国考察的反应，其实会影响女儿、儿子对类似事情的处理方式，你需要给他们树立一个标杆。"妻子的话，让我恍然大悟。事实上，我的焦虑，女儿和儿子都是能感受到的，这无疑会对他们产生消极的影响——以后他们遇到类似的事情，会不会也这么焦虑呢？父母对成长中的孩子的影响，无处不在，我们对子女的教育，除了言传，更有身教。而身教多发生在无形之中，很容易被忽视，但是往往具有惊人的力量。对此，我们需要慎之又慎。我要感谢妻子为我上了一课。

团队要求在晚上七点半到达深圳湾出境位置集合，而我六点多就到了，当然是第一个到达指定位置的。我在我们的群里"吱"一声报个到，被不少同学笑称"学霸坡"。等大家到齐后，深圳市教育国际交流协会的余女士带着我们办理各种出境及登机手续，整体比较顺利。只是在办理登机检查时，我有个环节不熟悉，试了几次都未成功，工作人员见状，连忙过来帮忙，结果一次就通过了。于是，这位工作人员质问我："为什么我一试就可以了？"我当然不知道为什么。等工作人员帮我做完这一步，而下一步的闸门没打开，这位工作人员喊道："脸对着镜头啊！"看来，我要被这位工作人员鄙视一番了。

今天，我们出发了，有深刻的感悟，有友善的玩笑，有轻微的鄙视，挺全、挺真、挺好！祝赴英国教育考察之旅顺利！祝家人平安健康！祝明天阳光明媚……

2018 年 3 月 17 日

我迷路了

经过约十三个小时的飞行,我们从香港飞到了伦敦。下飞机时是当地时间早上六点。在我们办理完入境审查、提取完行李后,华威大学(University of Warwick)安排的专门人员戴维(David)老师早已在出口迎接我们了。一个半小时后,我们顺利抵达了早有耳闻的华威大学。

刚到华威大学,我们就被住家带走了。不知是幸运还是倒霉,其他同学一般都是两个两个地被住家带走的,而我,只有一个人。我知道,我的生存挑战来了。我的住家主人叫威廉斯·拉兰(Williams Larraine),是一位约六十岁的夫人。

这位夫人非常细心,一边驾车,一边详尽、准确地告诉我以后需要走的路线、乘车的站点及时间。说完一遍之后,她担心我不能完全听懂或记住,又驾着车重复了一次。让我惊奇的是,她不仅重复讲解,而且还把车停下来,站在具体的地点,让我观察周边的标志性建筑。同时,她向我确认我是否完全掌握了,问我是否需要再来一遍。我感觉差不多了,于是非常自信地跟她说了一句:"I am ok!"

殊不知,我的自信让我迷路了。

吃完午餐后,我打算实地走一趟,威廉斯·拉兰夫人特别支持我的想法。于是,我一个人开始了在英国的第一次惊险之旅。

我按照威廉斯·拉兰夫人说的,出门后沿着一条大道一直往前走。约十分钟后,我到达了公交站台;坐上11路公交车,约十五分钟后,我看到了华威大学的标志建筑,顺利地到达了终点。首次冒险成功,给了我巨大的信心,也使得我对返程掉以轻心。

而迷路，就发生在此时。或许，在人生初期，我们走得太顺，不见得是好事。

从华威大学返回时，我快速地坐上了 11 路公交车。在公交车行驶的过程中，我时刻注意着路边的建筑，看我下车的那个公交站台是否出现。约十五分钟后，一个加油站出现了，我赶紧按下停车按钮。就在这时，我脑袋里突然冒出一个想法，回到威廉斯·拉兰家后，我要告诉她，我做到了！

而戏剧性的一幕就发生在我从公交站台走回住家的过程中。

我清楚地记得，威廉斯·拉兰告诉我走直路，而我第一次从她家去往站台的时候，也是一直走直路，没有拐弯。然而，当我沿着这条路直走了约十五分钟后，她的家还是没有出现。我不禁想，这次可能走错了。我又往前走了五分钟，还是没有看到她家。她家门前的高高的电线杆，她家的东风日产车，她家的门牌号等等，均没有出现……如果走对路的话，二十分钟肯定到家了。

我走错路了！

怎么办？

我决定原路返回，找到公交站台，然后再重新找路。

原路返回还算顺利，我找到了公交站台。到达公交站台后，我向后转，想看看到底哪里出现了问题。然而，走了十分钟后，我依然没有找到威廉斯·拉兰的家。

此刻，我想到了手机，想到了导航。然而，就在这时，我忽然想不起她家的门牌号了，同时发现手机因为没电快要自动关机！于是，我想到了向同伴求助，但突然意识到他们同样也是人生地不熟。

怎么办？

我想到了报警，下意识地想拨打"999"。

但是，我又觉得没必要搞得这么"大张旗鼓"，还想试一试。就在我犹豫不决的时候，一位三十多岁的英国夫人判断我可能是迷路了，于是主动提供帮助——真心感谢。然而，我除了会说简单的英文之外，其他既不会说，也听不懂。在这位夫人的反复讲解下，我勉强知道了向左和向右的表达。然而，什么时候向左，什么时候向右，我完全听不懂。没办法，我只能走一步问一步了！

令人不安的是，我走了一段距离后，没遇到一个人，于是只能硬着头皮继续走下去。好不容易看到一位老妇人，我赶忙去问，谁知我又多走了，只好往回走。走了一段路后，我看见一位老先生，于是再去询问。这次还好，我没有多走。老先生告诉我，沿着第一个路口，再往前走一段路就到了。

谢天谢地，在走了几分钟后，我终于看到了威廉斯·拉兰的家！

我为什么会迷路？

我听了威廉斯·拉兰的两次介绍，随着她看了两遍，自己亲自走了一遍，但还是走错了！这说明我对其中的细节并没有观察透彻。就像学生学习一样，多数学生都感觉自己听懂了，但实际上一旦让他们去复述或者解决问题，他们就无所适从了。事实上，从根本上来说，他们并没有掌握。就像我一样，可以走出去，但是走不回来，原因也在这里。

知识的掌握，一定是在应用中体现出来的。脱离了应用，所谓知识的掌握多数是空中楼阁。对于学习来说，应用不仅是检验知识是否被掌握的手段，还是掌握知识的重要途径，尤其是在不同情境中对知识的应用，更是如此。

鉴于此，我们在进行课堂教学时，一定要注重学生对知识的应用，将应用的素材生活化，将应用的情境丰富化，将应用的角度新颖化，将应用的层次细致化，从而引导学生将知识与应用联系起来，而不是一味地记诵知识。

生活是大课堂。作为路盲的我，虽然第一天独自出行迷路了，但是在第二天独自出行时或许就会好起来。只要愿意尝试，我想我已经走在应用知识的道路上了。"When you try, you will be better!"（当你尝试的时候，你就会变得更棒。）对此，我十分坚信。

2018 年 3 月 18 日

设计出来的巴斯城

巴斯（Bath）市是一个仅有约九万人的英国小城，位于英格兰埃文郡东部。它是英国唯一被列入世界文化遗产的城市，被誉为英国最漂亮、最典雅的城市之一。尽管巴斯不大，但是却拥有英国最高贵的街道和最优美的建筑。傅雷曾说：巴斯是精致而美丽的城市。

英国著名女作家简·奥斯汀，与巴斯有着深厚的情缘。18世纪末，简·奥斯汀在巴斯度过两个长假便喜欢上了这座小城，并完成了其成名作《傲慢与偏见》。1801年，简·奥斯汀迁居到巴斯，深入了解了巴斯的城市面貌和社会生活，尤其是中产阶层的人际关系，接连完成了《劝导》和《诺桑觉寺》这两部作品。

巴斯为什么这么有魅力呢？

巴斯在英文中的意思是"洗浴"。罗马人最早在这里发现了温泉，并兴建了庞大的浴场，现在的古浴场遗址是英国古罗马时代的遗迹，距今已有约两千年的历史。如今，古浴场遗址已经成为巴斯市的标志，为巴斯市带来了厚重的历史感。如果说古浴场遗址为巴斯市披上了神秘的历史色彩，那么圆形广场和新月楼则为巴斯市穿上了精致、美丽的现代外衣。

巴斯许多壮观的建筑都出自约翰·伍德父子之手。被誉为18世纪象征主义艺术大师的老约翰·伍德在18世纪设计巴斯的城市规划时，建造了一座象征太阳的圆形广场和一座象征月亮的皇家新月楼，两者之间由布鲁克大街连接。

圆形广场共有528个各不相同的有关艺术和科学的徽记与雕塑，分布在整个圆形广场旁的街屋、石柱上，这些构想和造型都能令人联想到巴斯近郊索尔兹堡的史前圆形巨石群；皇家新月楼是巴斯最为气势恢弘的大型古建筑群，建于1767—1775年，由连为一体的30幢楼组成，共有114根圆柱。皇家新月楼的道路与房屋都排列成新月弧形，优美的曲线令人陶醉，尽显高雅、贵族之风范，被誉为英国最高贵的街道。圆形广场和皇家新月楼是建筑史上的经典，对许多城市的建筑产生了深远影响。

后来，巴斯市虽然新添了不少建筑，但几乎全部按照圆形广场和皇家新月楼的样式、高矮、颜色来设计，这就让整个巴斯市看上去特别和谐、统一，同时也让巴斯市的建筑形成了鲜明的特色。从这个角度来说，巴斯市是一座近三百年来不断被设计出来的独具特色的城市，是一座与众不同的城市，当然也是一座有自己特殊名片的城市。

正是这一点，让我对巴斯市心生敬意。我在想，一座颇有特色的城市都能够被设计出来，那么一所颇具特色的学校是否也能被设计出来？我见过太多学校，但很多学校都是千篇一律的建筑，很少有学校拥有独特的建筑。

这是为什么呢？

多数学校的建筑都是按照"标配"复制出来的。在建造之前，这些建筑并没有按照学校特有的文化内涵或价值追求来设计。更何况，很多学校的建筑在建好之后，才有了老师和学生，被"填充"或"赋予"了某种意义。如果我们先拥有了某种意义，然后再按照这些意义来设计学校的建筑，那么学校的建筑会不会有另一番味道呢？

我希望有一所学校，在学校的每一块砖、每一片瓦、每一条路、每一棵树、每一朵花、每一株草等来到之前，我们已经有了经深思熟虑后产生的学校美妙的名字，已经知道了独具特色的学校文化内涵，已经有了颇具永恒特色的价值追求，然后用这些来精心设计学校的每一条走廊、每一间课室和每一栋楼宇，让学校有根植于学校、熏陶于师生的灵魂。

你的学校有灵魂吗？

我想拥有这样一所有自我灵魂的学校！

2018年3月25日

免费开放的曼彻斯特博物馆

今天，我们参观了英国曼彻斯特（Manchester）博物馆。

曼彻斯特是英国第二大繁华城市，也是世界上最早的工业化城市。两百多年前，这里诞生了世界上最早的近代棉纺大工业，揭开了工业革命的序幕，而曼彻斯特也随着棉纺工业的出现成为新一代大工业城市的先驱。

曼彻斯特博物馆主要展示英国工业革命时期的科技成就，包括世界上最早的棉纺机器、最早的火车、最早的飞机等，同时展示诸如老爷车等曼彻斯特当地具有特色的物品及供儿童体验的新型科技产品。据说，每一年都会有来自世界各地的约三十万人来此参观，曼彻斯特博物馆成为该市重要的旅游景点之一。

然而，让人意外的是，曼彻斯特博物馆竟然是免费开放的，不仅对英国人免费开放，对任何到此参观的人都免费开放。其实，像这种科技博物馆，即使收费，也会有很多人来参观的，因为它毕竟呈现了世界工业革命时期的辉煌成就。

我想，曼彻斯特当地的绝大多数儿童，都应该参观过这个博物馆。在他们参观这个博物馆时，是否对家乡或祖国充满自豪感？是否对庞大但巧妙的机器产生过好奇？是否产生了探索科技的兴趣？是否种下了投身科技研究的种子？

我也在想，如果中国许许多多的博物馆也能像曼彻斯特博物馆这样免费开放，是否能让更多的中国儿童了解中国的过去、现在和未来？是否能惠及更多的中国儿童及世界儿童？是否能让中国文化更加源远流长？

这，不也是一种教育吗？

我期待着。

2018年3月29日

伟大的人民故事博物馆

今天,我们来到了爱丁堡(Edinburgh)市,先游览了苏格兰的爱丁堡城堡(Edinburgh Castle)。爱丁堡城堡耸立在海拔为 135 米的死火山岩顶上,在 6 世纪时成为皇室堡垒,并从此成为重要的皇家住所和国家行政中心,是苏格兰重要的精神象征。

爱丁堡城堡的险峻、坚固和精巧,给我留下了深刻的印象。然而,比爱丁堡城堡更让我深受触动的是爱丁堡市设立的"人民故事博物馆"(The People's Story Museum),它让我看到了真正的平等、尊重、伟大。

爱丁堡城堡是苏格兰皇家住所和国家行政中心,留下了贵族及统治阶级的脚印,见证了苏格兰数个世纪的重要历史,既呈现了上层社会的起居,也展示了其尊贵和辉煌。在许多地方,我们能见到和听到的,多是这种"高大上"的建筑和事迹。

然而,普通的老百姓在哪里呢?

爱丁堡人民故事博物馆正是记录了苏格兰 18 世纪末至 20 世纪末普通老百姓(包括农民、士兵、佣人、商人等各个阶层的老百姓)的生活、工作和学习,讲述着真实的故事,展示了真实的物品,非常贴近现实。不得不说,这彰显了对普通老百姓的尊重,让普通老百姓看到了平等,同时也把普通老百姓融入伟大的历史进程中。

而且,人民故事博物馆并不是歌功颂德的地方,只是如实地记录了普通老百姓的日常。在该博物馆入口的第一尊雕像,就是特别贫穷的一家人,他们一家三口穿着破旧的衣服,男主人一脸茫然,女主人神情低落,孩子似乎嗷嗷待哺。除此之外,该博物馆还展示了普通士兵的危险经历、佣人的小心卑微和农民的辛勤劳作，道尽了底层老百姓的辛酸。

值得一提的是，人民故事博物馆位于皇家英里大道。这条皇家英里大道始于爱丁堡城堡，终于圣十字架宫，是爱丁堡市的中心街道。这表明，人民故事博物馆并不是一个摆设，它的地理位置同样彰显了它的重要地位。

人民故事博物馆，注意到了历史洪流中的普通老百姓，看到了他们坚强生存下来的不易，并努力把普通老百姓放在更重要的位置上，让普通老百姓看到自己在历史中的价值。正因为这样，爱丁堡人民故事博物馆才深深地触动了我。

而这也让我想到了我们的教育。

曾经多少次，我们希望学生通过"考上好大学，找到好工作"过上人上人的生活，希望学生成为出类拔萃的科学家、企业家、政治家、艺术家、军事家等。这是不是表明我们在无意中轻视了普通老百姓？或者是不是说，我们的教育也在传递着轻视普通老百姓的信息？我们的教育仍然缺乏普通老百姓的视角？我们的教育本身就是特别功利化、简单追求成功的教育呢？

绝大多数学生注定要成为普通老百姓，最普通的工人、医生、教师、农民、厨师等。或许，我们更应该站在普通老百姓的角度，引导学生如何过好普通老百姓的生活，告诉学生如何在社会发展中贡献出普通老百姓的价值，提醒学生普通老百姓也是社会的重要组成部分，让学生尊重普通老百姓、学做普通老百姓。

当然，这并不是反对鼓励学生成为杰出的科学家、企业家、政治家、艺术家、军事家等的做法，而是要揭示教育结果的另一种可能或更大的可能，让教育更具"平民"意识。

毋庸置疑的是，爱丁堡人民故事博物馆会让更多的儿童树立"平民"意识，这是爱丁堡人民故事博物馆的教育功能，也是爱丁堡人民故事博物馆的伟大之处。

我非常期待，我们的国家能拥有自己的人民故事博物馆！

我非常期待，我们的教育也能早日带有更多的平民色彩！

我非常期待，我们的学生也能早日树立强烈的平民意识！

2018年4月1日

"彼得兔"的文化意义

今天,我们来到了《彼得兔的故事》的作者毕翠克丝·波特(Beatrix Potter)所热爱的英国温德米尔湖(Windermere Lake),欣赏了静谧、美丽的湖区风景,看到了广受欢迎的彼得兔形象的相关物品。

彼得兔不仅是人人喜爱的小动物,而且具有深刻的文化意义。

毕翠克丝·波特(1866—1943年)出生于伦敦一个富有的家庭,从小就特别喜欢文学和绘画,但真正让她开始创作《彼得兔的故事》的是一位五岁的残疾儿童。这位残疾儿童是毕翠克丝·波特的家庭教师的孩子。他因为残疾而不能自由行走,看不到外面的精彩世界,也没有更多可以交流的朋友。

在这种情况下,毕翠克丝·波特以信件的形式,把自身对兔子活动的敏锐洞察及细腻体会,通过故事的形式写出来,并配上精美的插图,不间断地寄给那位残疾儿童。随着信件越来越多,集结起来的故事和插图足够出版一本书,于是毕翠克丝·波特在1902年出版了《彼得兔的故事》。也就是说,从诞生之日起,毕翠克丝·波特就给彼得兔塑造了温暖善良的形象,给人以精神关怀;而这个温暖善良的形象,当然也是毕翠克丝·波特的真实写照。或许,这是《彼得兔的故事》一经出版就大获成功、直到今日仍然备受推崇的原因吧。

毕翠克丝·波特的作品中充满了童真和快乐的音符,与自然的亲密接触点燃了她创作的灵感。基于此,毕翠克丝·波特对自然环境钟爱有加,并积极投入对自然的保护中。她用自己的巨额稿费将湖区周边的农场和房屋买下来,避免被一些开发商破坏。

居住在湖区的日子,是毕翠克丝·波特创作的黄金时期,她陆续出版了彼得兔系列书籍。她继续用自己的稿费将湖区周围的农场和房屋买下来,认认真真地做着保护湖区的事业。

1943 年，毕翠克丝·波特悄然离开人世，享年 77 岁。她将自己一生的积累都献给了国家，包括面积超过 24281 亩的农田，以及她生前居住的各个农庄，还有她喜爱的兔子、绵羊及其他动物。

如今，温德米尔湖区仍然保持着当初静谧、美丽的样子，是风景如画的旅游胜地和乡土气息浓郁的人间仙境，每年都吸引着许许多多的游客前来观赏。不得不说，这得益于毕翠克丝·波特的不懈努力。

彼得兔的故事和毕翠克丝·波特自身的故事，已经完美地融为一体。毕翠克丝·波特不仅是一位伟大的儿童文学作家，更是一位高尚的人。她不仅为大家书写了一部举世瞩目的儿童文学作品，而且还留下了令人肃然起敬的人生传奇。读着她写的彼得兔的故事，想着她一生热爱的环境保护事业，我渐渐地明白了丘吉尔为什么会说出"我宁愿失去一个印度，也不愿失去一个莎士比亚"这句话。

对于英国来说，莎士比亚具有厚重的文化意义，毕翠克丝·波特同样具有厚重的文化意义，并通过彼得兔的可爱形象，在天真烂漫的儿童中传递着这种厚重的文化意义。而这，对于儿童来说，才是历经千年仍不会褪色的真教育。这，才是当下教育最缺少的核心要素，也是当下教育最应该追求的方向。

而我们教师，一群普普通通的人，是否也可以通过做一些力所能及且温暖善良的小事，来传递这种厚重的文化意义呢？

我想，我们是可以做到的。

2018 年 3 月 30 日

持续250年才完成的杰作

今天，我们参观了约克大教堂（York Minster）。

约克大教堂是欧洲现存最大的中世纪时期的教堂，也是世界上设计最精湛的教堂之一。约克大教堂有两大特点：一是气势恢宏，历经数百年依然坚实、挺拔，其中教堂顶部的塔尖像一把把利剑直刺云霄；二是工艺精美，其中最令人惊叹的是东面的面积相当于一个网球场大小的彩色玻璃及北面的五姊妹玻璃窗，融合玻璃染色、切割、组合的绝妙工艺，华丽多彩的程度令人叹为观止。

然而，这还不是让我印象最为深刻的。我印象最为深刻的是它的建造时长。

据说，约克大教堂从公元1220年开始设计、兴建，于公元1470年完工，前后持续了整整250年的时间。在这250年里，教堂不知换了多少大主教，但一直坚持着当初的设想来建造。其间，没有哪一位大主教推翻前一位大主教的设想，而是一直朝着当初设定的那个方向行走。

这是极其了不得的事情！

在漫长的历史中，我们看到了太多全面否认、推倒重来、另起炉灶的故事。仿佛不否认前者、不推倒重来，就不能体现出自己的重要地位。而对于那些正确的事情，后者往往也不管不顾，因为那是前者的功劳。这种现象在教育领域屡见不鲜。

比如，在分层走班特别时髦的今天，有太多的老师把行政班级说得一无是处，仿佛行政班级就是当今教育的最大毒瘤；比如，在教育技术突飞猛进的今天，有太多的评课把使用多媒体技术当作优质课的必要条件，仿佛没有多媒体技术就上不了一节优质课；比如，主张学生合作学习的今天，有太多的课堂进行着假合作学习的表演，仿佛不开展合作学习就不是在学习；比如，某老师说

"没有爱，就没有教育"，而另一位老师就会说"老母鸡都会爱小鸡"，仿佛爱是教育的死敌；比如，老校长提倡要开展幸福教育，而新校长非要说大力开展快乐教育，仿佛幸福和快乐是反义词……

过去代表基础、起点，并不全部意味着错误、糟粕。未来不管要去何方，我们都必须看清脚下的土地。这，才是真正的继承，才是扎实的发展，才是有根基的创新。当然，随着教育科学的发展，我们会发现过去的教育存在的问题及弊端，但这是我们革新的依据，而不是我们全面否定过去的把柄。

对于过去，我们可以质疑，但必须在继承的基础上进行质疑。我们质疑过去的目的是在原有的基础上向前发展，而不是否定过去，更不是为了走到过去的反面。

2018 年 4 月 2 日

那些可能被遗忘的温暖

今天，我们参观了跨越布里斯托埃文峡谷（Avon Gorge）的克里夫顿悬索桥（The Clifton Suspension Bridge），该桥是世界上最早的大跨径悬索桥。该桥有214米的主跨，而当时能够用作主缆的铁链的强度和密度之比，只有现代高强钢丝的五分之一。因此，这是一个很了不起的大跨径。

关于这座桥，有两个非常温暖的故事。

之所以要建造这座桥，源自桥旁一位富商的想法。这位富商起初在桥的旁边建造了一幢特别富丽堂皇的别墅。但是，这位富商要想从家里到市区，就需要绕很长的路，而这也是当地居民的一大困扰。于是，富商决定，以募捐集资的方式来建造一座桥，解决大家的出行问题，并慷慨地出资一千英镑（在19世纪初，一千英镑在英国是一笔巨资）。

这是我想说的第一个故事，因为它告诉我一个真正的有钱人可以做哪些更有意义的事情。不得不说，这给当下许多人上了一节别开生面的课。单从这件事情来看，我想我们都希望自己的身边能出现更多这样的有钱人。

另一个故事，是有关这座桥修建的时间。

克里夫顿悬索桥是由天才设计师伊桑巴德·金德姆·布鲁内尔（I.K. Brunel）设计的。该桥于1831年开始动工，然而却在1864年才建成通车。也就是说，这座桥的建造，前后持续了33年！

原因是什么呢？原来，这座桥的建造费用远远超过预算，所以因缺少资金而频频延期，并且在1842年停工。在布鲁内尔去世后，土木工程学院的成员们组成了建桥队伍，继续完成布鲁内尔的遗愿……

布鲁内尔设计这座桥时，希望用一座壮观的大桥与当地宏伟的自然环境相协调，并且桥塔的设计受到埃及建筑的启发。客观地讲，这座桥的设计理念在当时是非常先进的，也可以说是世界一流的。也就是说，这座桥一旦建成，就会成为举世瞩目的作品。设计一件作品，就要把它做成精品，这是布鲁内尔的职业信仰。

而他的同事和学生们，当然同样喜爱这个充满天赋的设计，于是前赴后继地帮助布鲁内尔完成心愿，让存在于图纸上的天才设计变成了跨越大峡谷的壮观建筑。这既包含了对布鲁内尔的尊敬，也呈现了令人敬佩的职业信仰。

这是我想说的第二个故事，因为它告诉我一个真正有职业信仰的人应该如何对待自己的工作。工作的意义，不仅是通过养家糊口让自然生命延续，也可以借助不朽的作品让职业生命延续，甚至可以把职业生命变成永恒。

不得不说，这两个故事，不仅是温暖的，而且也是有力量的。当一代又一代的儿童，听着这些温暖且有力量的故事长大时，这些故事，是否会在他们幼小纯朴的心灵中埋下一颗小小的种子？若干年后，当他们有能力像前人那样做事时，他们会不会沿着前人的方向继续行走，甚至比前人做得还出色呢？

同样，每一个冰冷的故事，不仅是冰冷的，而且也是有破坏力的。当一代又一代的儿童，听着这些冰冷且有破坏力的故事长大时，这些故事，是否会在他们幼小纯朴的心灵中埋下一颗冰冷的种子？若干年后，当他们身处与前人相同的境遇时，是否也会沿着前人的方向继续行走，甚至比前人做得更冰冷呢？

这就是真实故事的力量。

中国，有着五千年的文明。在这五千年里，中国大地曾出现过哪些温暖的故事？如果这些温暖的故事都能够流传下来，那么将会温暖并鼓励多少人？这些温暖的故事，的确不该被遗忘……

从教育的角度来说，我当然希望那些温暖的故事能一代又一代地流传下去，鼓励一代又一代人；希望那些冰冷的故事能在一分一秒中消失殆尽，避免让听到的人对未来感到寒冷且恐慌。作为老师，我们都应该成为温暖故事的讲述者。

2018年4月8日

让历史绽放在未来

今天，我们参观了位于英国威尔特郡索尔兹伯里平原的巨石阵。据说，该巨石阵是世界上最神秘的古迹之一，大约建于4500年前。当然，也有人说该巨石阵被后人动过手脚，现在的巨石阵已经不是最初的巨石阵了。

从这个角度来说，如果该巨石阵真的被后人动过手脚，那么相关负责部门确实有必要将之公布于众，以免连以后的英国人都被蒙在鼓里，不知道当地的先民到底做了什么。历史只有是真实的，才是最有意义的。

其实，我已经先后参观了牛津、巴斯、曼彻斯特等英国城市。对于这些城市，我最大的感受是绝大部分建筑的外观是一样的，各个城市的建筑在外观方面基本都与该市的古建筑保持一致，特别是巴斯市——约翰·伍德父子在18世纪设计巴斯的城市规划时，建造了一座象征太阳的圆形广场和一座象征月亮的皇家新月楼，两者之间由布鲁克大街连接；后来，巴斯市虽然新添了不少建筑，但几乎全部按照圆形广场和皇家新月楼的样式、高矮、颜色来建造，这就让整个巴斯市看上去特别和谐、统一。

英国人为什么会这样做呢？据介绍，英国有这样的法律条例，对于古建筑，人们不仅要保护，而且后续建筑要与当地典型古建筑的特征保持一致。从这个角度来说，我觉得英国人这样做体现了对古建筑的尊重，也体现了对历史的继承和尊重。

事实上，每一个民族都是有根的，民族的根就生长在该民族的历史长河里。每一个民族都不可能脱离本民族的根而生存，都需要铭记本民族的历史，并从本民族的悠久历史中汲取新的生存营养，因为每一个能够生存到现在的民族，都是伟大的民族，当然也是拥有特色文化的民族。一个民族的持续发展，是在继承本民族的真实历史中发展的。

这一点，有什么教育意义呢？

首先，我们要保存真实的历史。比如，建筑能集中体现一个民族的追求、智慧和文化，保护古建筑也就是保存真实的历史。从当下城市发展的现状来看，很多城市都是在原有古城市的基础上发展起来的，这就势必会涉及古建筑的保护和修复问题。一个真正有历史眼光的民族，不到万不得已的地步，肯定是不会把祖先留下来的建筑拆个精光的——一旦将古建筑毁坏拆除，城市的根就没有了，未来的孩子还怎能身临其境地感受本民族的文化？如此这般，我们还让孩子爱民族，那真的只能是"镜中月，水中花"了！

其次，我们要引导学生"寻根"。一个国家，有一个国家的历史；一个民族，有一个民族的历史；一个城市，有一个城市的历史。对历史的探索，便是对根的追寻。正因如此，我们要充分发掘本地的历史资源（比如古建筑、古遗迹或古器物等），引导学生去寻找本地历史的踪迹，让他们看到依然存在的历史痕迹，从而让他们体验到本地区、本民族、本国家历史的深邃与伟大，并在无形中完成对本地区、本民族、本国家历史的继承。

最后，我们要持续开设历史课。培根曾说，读史使人明智；我要说，每一个人都是从历史中走来。学习历史，不仅可以增长智慧，而且可以为未来的发展储备力量。从这个角度来说，每位学生都要学习历史，而且要长期、系统、深入地学习本地区、本民族、本国家的历史，做到知历史、懂历史、用历史、创历史。我个人的想法是，基础教育的每个阶段，包括小学、初中、高中的每个年级，都应该开设历史课，要让历史课成为"必修课"。

通过以上三步，学校教育才能让历史绽放在未来，最终使历史存续于每个人的心灵中。当然，最重要的是让更多的人认识到历史的重要性。当有足够多的人认识到历史的重要性的时候，历史的存续便水到渠成。

2018 年 4 月 15 日

为未来保留历史的足迹

今天，我们游览了伦敦海德公园（Hyde Park）。

海德公园位于伦敦市中心，是伦敦最知名的公园，也是英国最大的皇家公园。在 18 世纪前，这里是英王的狩鹿场。1851 年，维多利亚女王首次在这里举办伦敦国际博览会。1944 年，美国总统罗斯福（Roosevelt）和英国首相丘吉尔（Churchill）在这里签订海德公园协议（Hyde Park Agreement）。现在，这里是人们举行各种政治集会和其他群众活动的场所，还有著名的"演讲者之角"（Speakers'Corner）。

而让我对海德公园产生兴趣的是，这里有许许多多特别高大的树木。这些树木都非常粗，一个成人用双臂环绕的方式是抱不过来的；这些树木都非常高，我粗略估算，每棵树大概有 30 米高；这些树木都非常壮观，每一棵树的树干都非常粗，但是树枝特别细长，这种特征让每一棵树都拥有一个特别大的树冠……用同学们的话说，这些树木，让人一看就觉得特别有历史感，好似有几百年甚至是上千年的历史。

我在想，如果每一位英国国王，在登基之后都根据自己的喜好把前一位国王留下的树木都砍伐掉，然后再重新栽种的话，那么海德公园的树木就绝对没有现在的历史感，当然也不可能每年都吸引这么多的游客前来参观。这一棵又一棵的树木，其实代表的是历史的痕迹。

树木如此，过去的人和事亦如此。

譬如，在中国历史上出现了特别多的朝代。客观地讲，每一个朝代对中国的发展都作出过贡献，当然也可能在某一时刻、某一领域阻碍过中国的发展。对此，我们不能要求每一个朝代都做到非常完美，对于后面的朝代来说，如何评论前面的朝代呢？我想，我们应该完全撇开门户之见，既不用有意隐瞒什么，也不用有意修饰什么，只要如实呈现就可以了——是什么样，就记录成什么样。从这个角度来说，保持前朝代的原样，就是对前朝代最大的尊重，当然也是对历史的最大尊重。

这一点，在教育学生方面特别有意义。

一方面，我们给学生树立了正确的史观。真实的历史是什么样，我们就要努力让历史保留成什么样，这就是正确的史观。如果我们违反了这一原则，那么后来的人可能就会感觉自己生活在虚假的历史中。这种不信任蔓延的范围越广，破坏力就越大。给学生树立正确的史观榜样，就是想让学生在真实传承的基础上扎实发展，给过去一个新的发展，给未来一个新的奠基。这难道不是真正的可持续发展吗？

另一方面，我们要学生知道完整且真实的历史。如果每一个朝代都把前朝描绘得不堪入目，甚至在有意无意间想把自己与前朝完全割裂开来，那么我们的历史既不是真实的，也不是连续的。那时，我们从何谈起"五千年文明史"？让历史连续且真实，就可以让学生看到国家和民族是如何一步步走来的，国家认同和民族自信都会自然而然地在学生内心生长。

为未来保留历史的足迹，道理就在于此。

2018 年 4 月 21 日

失而复得的手机

今天,我们参观了举世闻名的剑桥大学,并重点参观了国王学院。一进校园,我们就感受到了伟大学府的神圣,同时希望自己或子女能够在这座著名学府求学,以接受几百年来积淀的优秀校园文化的熏陶。

一天的时间过得非常快。在我们返回途中,一位女同学突然发现手机不见了,并确定手机是落在了一家M&S(马莎)店的厕所里。其实,丢一部手机可能不算大事,但是手机里存储着很多资料,绑定着诸多银行卡。

怎么办?

同学们开始拨这位同学的号码,发现手机一直处于通话状态,这说明手机应该还在厕所。如果我们是在中国,那么此刻会立刻回去取。但是,我们现在是在英国。于是,我们把事情反馈给随行的华威大学的戴维老师。戴维老师说,现在只能给店里打电话,如果手机还在,请求他们帮忙寄回来。

刚好有同学在这家店里买了东西,我们赶紧在包装袋上找该店的电话号码。让人遗憾的是,包装袋上并没有他们的电话号码。此时,我们想到了M&S品牌的官网,英语最好的同学开始在官网上仔细寻找,但找了半天都没有发现电话号码。万幸的是,我们最后在M&S品牌的一份问卷调查表里找到了他们的联系电话。

第一次打过去的时候,没有人接电话。我们立刻想到今天是星期六,或许M&S公司根本就没人上班吧。幸运的是,第二次打过去的时候,电话竟然接通了。英语最好的同学赶紧说明用意,并得到工作人员将电话转接M&S剑桥大学分店的答复。我们怕中间出了差错,于是向总店要了M&S剑桥大学分店的联系电话。

又是一通紧张的电话。电话接通后,我们说明来意,并告知手机的位置,分店工作人员立即答应前去查看。

幸运的是,手机还在!但没想到,分店工作人员开始核实我们的信息,问我们手机是什么品牌的,是这个品牌的哪一款,是什么颜色的,手机的屏幕图像是什么……在一一核实之后,分店工作人员告诉我们,今天是星期六,明天是星期日,他们只能在下周一才能将手机寄回来,让我们周一再联系他们。

听到这儿,丢手机的同学流出了眼泪,不停地感谢我们,同时表示要请我们吃大餐。她还说,要不是同学们一直帮着想办法,她都要放弃了。

我们都能理解她的心情,身在异国他乡,我们有时真的感到特别无助——英语磕磕巴巴,不能完全了解英国的制度和文化,人生地不熟的。其实,从她说丢手机那一刻起,我们大家的心也都一直揪着。万幸的是,我们找回了手机。

我们帮助同学是应该的。但是,让我们感动的是,M&S公司及分店的工作人员都愿意帮忙,几乎没有任何推脱。更让我们惊喜的是,M&S剑桥大学分店的工作人员让我们一一核实信息,可谓把工作做到了极其认真负责的境界。

今天,我本来打算写一篇关于参观剑桥大学感受的文章,谈一谈一所大学的底蕴和气质。但转念一想,我觉得还是这件事情更有教育意义。我不能确定这件事情是不是个案——遇到特别友善的工作人员。

回到住家后,我把这件事情说给住家听,她也表现得很惊奇,说我们非常幸运。

如果每一次这样的经历都能有这样的结局,那么听到这个故事的学生会感到生活在这样的环境中是多么幸运,他们以后在遇到类似事情时会不会也像M&S工作人员那样耐心、认真地助人为乐呢?

当然,我也在想,如果每一次这样的经历都没有这样的结局,那么学生会不会感到生活在这样的环境中是多么糟糕,他们以后在遇到类似事情时会不会就不管不问呢?

一个社会文明的不断改良,就是以许许多多这样温暖的故事为土壤的。这些温暖的故事,就是最好的教育素材,胜过千言万语。当然,温暖的故事能感染人，促使人向着更文明的方向自觉行走；冰冷的故事会污染人，逼迫人朝着更粗鄙的方向移动。

你说，这是不是更有影响力的教育？

2018 年 4 月 28 日

第二章 ◆◇◆◇◆ 学校,用底蕴滋养生命

名副其实的基督教堂学院

今天,我们有幸参观了牛津大学基督教堂学院。

基督教堂学院是牛津大学最大的学院,是由红衣主教托马斯·沃尔希于1525年创建的,至今已有近五百年的历史。据统计,在近两百年内,基督教堂学院已经培养了十六位英国首相,是牛津大学其他所有学院的总和。因此,有英国当地人戏称,要想当首相,请先考取基督教堂学院。

在走进基督教堂学院的时候,我一直在想,基督教堂学院为什么会这么牛气?在游览的过程中,我慢慢地感悟出了属于自己的答案。

牛津大学基督教堂学院拥有悠久的历史、丰厚的文化底蕴和精妙绝伦的建筑。单就建筑来说,它有可以追溯至15世纪的古色古香的回廊,建有双拱顶结构及圣凯萨琳之窗的教堂,四周贴满名人画像的教堂餐厅,设有喷泉的汤姆方庭,有建于1682年、安有重达七吨大钟的汤姆塔,有收藏了近四个世纪诸多名家画作的画廊,有圣弗莱丝·史怀德的神龛……每一处都是古迹,每一处都有文化,每一处都让人震撼。

据介绍,基督教堂学院拥有英国最著名的建筑。客观地说,基督教堂学院真是一个独一无二的地方。你一旦走近它,就会有一种别样的感觉。

我在想,如果北京大学的历史学院就设立在紫禁城,那么历史学院学生坐在紫禁城里学习历史、研究历史、交流历史,是否会有一番深刻的体验呢?

历史需要传承,当然也需要新的发现、反思和提炼。紫禁城作为景点,供游人游览无可厚非。然而,若能发掘并充分利用其中的教学及教育价值,将它的过去、现在及未来融合在一起,是否能更好地体现出它的历史价值呢?仅仅作为景点的紫禁城,或许真的就成了遥不可及的古董,只有过去,没有今天,也没有明天。

  从这个角度来说，牛津大学的基督教堂学院，绝对名副其实。我想，作为游客的我，来到这里，都能感受到其厚重的文化及独特的美妙，那么作为该学院的学生，又该对它怀有多么虔诚的敬畏呢？这是基督教堂学院的建筑、历史和文化，赋予其教育的特殊意义，在一定程度上促进了该学院学生对"从哪里来，到哪里去"等终极问题的思考。

  不得不说，在这种环境中熏染出的学生，会有更高远的格局、更宽广的视野、更深刻的见识、更远大的抱负、更卓越的能力。或许，这就是基督教堂学院能培养出那么多英国首相的另一层原因吧。

2018 年 3 月 24 日

英国学校有教师专用厕所

今天,我们在访问惠特利学院(Whitley Academy)时,无意间注意到了有两间厕所特别注明了"just for staff"(仅供职员使用)的提示语。经了解得知,这种厕所是专门留给教师(包括职工)使用的,学生是不能使用的。

这一点与中国的情况很不相同——我所了解到的中国学校,都没有设置教师专用厕所,所有厕所都是师生共用的。我在想,设置教师专用厕所,是否有必要?从我所在学校的实际情况来看,课间的时候,教师和学生扎推上厕所,有时确实感觉不方便。

我也在想,如果中国某所学校设置教师专用厕所,会产生什么反响呢?

不用说,这肯定会引起巨大的争议——学校为教师搞特殊化,或者说教师高人一等。部分学生、家长及媒体对此都会有一大堆批评。那学校为教师设置专用厕所,到底是否合法、合理、合情呢?

在我国,《中小学校设计规范》(GB50099-2011)关于生活服务用房的第五条内容是这样说的:教学用建筑每层均应分设男、女学生卫生间及男、女教师卫生间;学校食堂宜设工作人员专用卫生间;当教学用建筑中每层学生少于三个班时,男、女生卫生间可隔层设置。

由此来看,在中国,学校教学楼上设置教师专用厕所,是合法的。

那么,为什么要设置教师专用厕所呢?

课间是集中上厕所的时间,学生一般都要排队上厕所,尤其是女厕所。如果此时老师们需要如厕,那么也要排队等候。这可能会导致三个结果:(1)老师如果下节课有课,那么就可能会迟到,或者慌里慌张地准备教学及教具,以致不能冷静、从容地应对后续的教学工作;(2)老师和学生一同排队上厕所,我们不能说老师特殊一点就不需要排队或者就不能和学生共用厕所,但多数老师和同学一起上厕所还是会感到有点难为情;(3)不少学生在上厕所时会讲些同学之间的小秘密,这些话语让老师听到不太合适,老师和学生共用厕所,也会让学生感到不自在。

　　从这几个角度来说,我觉得设置教师专用厕所,也是合情合理的。

　　当然,是否设置教师专用厕所,并不是一件关乎底线、原则、良知等方面的大事。英国学校设置了教师专用厕所,我们也不因此就说英国教师的地位有多高;中国学校没有设置教师专用厕所,我们也不因此就说中国教师有多么卑微。

　　设置教师专用厕所,体现出对教师更细致的人文关怀。没有设置,说明我们的资源还不够丰富,或者说当下学校文化有不同于西方的地方;有设置,大家也不要大惊小怪,因为这是一种更体贴、更人性化的考虑。

2018 年 3 月 27 日

英国学校的评估趋势

今天,华威大学的杰勒德(Gerard)教授给我们分享了"英国学校的评估趋势"(assessment trends in UK schools)这一内容,让我们对英国学校的评估发展趋势有了比较全面的了解。

在课堂的第一部分,杰勒德教授简单介绍了传统评估——考试造成的负面影响:学生的焦虑与紧张、师生的不平等、学生的心理问题等;同时,也有很多限制,比如标准的单一,缺乏对不同地区经济和社会因素的考虑,忽视对学生心理健康的考虑,不能让成绩与技能匹配,不能显示学生的道德智慧,让学生没有创造力等。综合来讲,考试这一传统的评估方法对资优生、有个别学习差异的学生、有非传统学习方式的学生、来自不同种族的学生、有某种特殊需求的学生等多类学生是非常不利的。

事实上,杰勒德教授所说的这些问题,与中国学校的评估所面临的问题,基本是一致的,单一纸面考试的功能有很大局限性,而且会造成诸多负面影响。

紧接着,杰勒德教授给我们分享了理想的英国学校的评估所具有的特点。

1. Assessment means uncovering children, making children more visible. It means helping them articulate their own desires and questions and then providing the supports that allow them to follow those questions. (Yvonne Smith and A. Lin Goodwin)

翻译为汉语是:评估意味着发掘儿童,让他们更加引人注目。这意味着帮助他们表达自己的愿景和问题,然后提供支持让他们探索这些问题。

2. We try to look at our students through many different windows, from a variety of angles, in varying degrees of light, in order to see them as they really are. (Margaret Borrego Brainard)

翻译为汉语是：我们试图通过许多不同的窗户，从各种角度，在不同程度的光线下来看我们的学生，以便看到更加真实的他们。

3. Authentic assessments are characterised by continuous observations of learning, depth and breadth of response, cycles of revision and refinement, students' engagement in self-assessment, and connections between what is being assessed and real-world issues and questions. (Einbender and Wood, 1995)

翻译为汉语是：真实评估的特点包括持续观察学习，学生反应的深度和广度，修订和改进的周期，学生参与自我评估，以及评估的内容与现实问题之间的联系。

对于以上三条，我的理解是这样的——

对于第一点，它明确表达了评估的意义，那就是发现不同类型的儿童并按照他们的需求给予他们针对性的支持，从而促进儿童的持续发展。这至少包含两层意思：一是摒弃评估的排名功能，评估的目的不是为了给出一个结果，而是要"以评促发展"，在于让儿童获得更好的发展；二是必须提供多样化的评估方式，尽可能让更多儿童通过适合的评估方式而崭露头角，避免出现一把尺子测量所有人的问题。

对于第二点，它明确表达了评估的方式必须是多样化、全面的、适合学生的。只有这样的评估，才能发现真实的学生，才能为学生的发展提供有价值的建议。学校必须建立科学有效的评估系统：一是评估系统必须丰富且全方位，尽可能找到评估每一位儿童的方法；二是评估系统必须是科学有效的，即通过相应评估，可以得到这项评估的有效信息，确保信息是学生真实情况的反映；三是对于同一个学生，要从多方面进行评估，以全面了解学生。

对于第三点，它表达的内容特别丰富，主要有这样几方面：一是评估是持续且深入的，更关注过程；二是强调了评估的价值，即在准确了解学生现状的基础上，利用评估信息帮助学生制定、修订和改进成长方案，同时对学生进行督促，从而促进学生在原有基础上向前发展；三是学生参与评估，评估对象参与评估，可以让评估信息更加准确，同时也可以让根据评估信息制定的成长方案更加深入人心；四是评估内容要与现实问题进行联系，以客观衡量评估信息对于被评估学生的真正含义，使评估更加公正公平，这里的现实问题可以是学生的特殊需求、家庭情况、种族特征，甚至学生居住地的社会环境和居住情况。

限于时间问题，杰勒德教授今天只给我们介绍了当下评估的问题及未来理想评估的追求。这些方面基本上都是怎么想、怎么看的问题。至于如何才能达成理想的评估，这些务实的问题，杰勒德教授都还没有来得及讲。

但是，这些问题也让我们看到，我们怎么强调评估的意义，都不为过；评估是一件特别有意义的事情，但同时也是特别难做好的事情，不管是在中国，还是在英国，情况都是一样的。

那么，到底如何才能达成理想的评估？让我们共同期待杰勒德教授下一次精彩的课。

（注：英文部分均引自杰勒德教授的课堂。）

2018 年 4 月 5 日

我们的目标是让学生快乐

今天,在与菲汉姆帕克学校(Finham Park School)的老师交流时,我们问:"学校的教育目标是什么?"她们说:"我们的目标就是让学生快乐,没有比这更重要的目标了。"

那么,怎样才能让学生感到快乐呢?根据该校老师所说及我的理解,学生的快乐主要体现在以下四方面。

首先,老师要创造快乐的课堂。

快乐课堂的一个重要标志是学习的趣味性。老师要尽可能让表情更加丰富、语言更加幽默、素材更加新颖、方式更加灵活、讨论更加热烈、氛围更加轻松,这样的课堂才是比较有趣的课堂,这样有趣的课堂学生才会喜欢。学生一旦喜欢了课堂,就能获得更多快乐。

其次,师生要建立快乐的关系。

老师要树立友好的形象,同时给予学生更多的理解和包容,不要轻易嫌弃、批评、斥责学生,这种不友好的方式会使师生关系疏远。如果一位老师能让学生在见到他(或她)时报以灿烂的微笑或者热情的拥抱,那么这位老师显然是受学生欢迎的,这样的师生关系也是让彼此感到快乐的。那些嫌弃学生的老师,也总是被学生嫌弃。

再次,师生之间要保持快乐的沟通。

在成长的过程中,学生会遭遇很多外部与内心的冲突。这些冲突给学生带来的困扰,有时会明显地表现出来,有时则会隐藏起来。此时,学生需要倾听者、理解者和帮助者。如果教师能及时地扮演这种角色,那么无疑就和学生保持了快乐的沟通。

最后，学生要拥有快乐的展示。

每位学生都希望展示自己好的一面，以给人留下美好的印象，增强自己成长的信心，同时也有机会追遂梦想。为此，学校就要尽可能为学生提供更多样、更适宜的展示平台，比如类型齐全的社团。学生一旦拥有适合自己展示的平台，学校就会成为学生喜欢的地方，因为这个地方可以让自己获得快乐。

学生能感受到更多快乐，就意味着学校为他们提供了更优质、更适宜的教育，说明老师们的工作是科学有效的。从这个角度来说，让学生感到快乐，同样也让老师感到快乐——学生获得了成长，老师完成了自我实现。

"我们的目标就是让学生快乐！"这句非常朴实的话，却包含着深刻的教育智慧。

2018 年 4 月 18 日

全校一起来唱歌

今天上午,在东青初级学校(Eastern Green Junior School)的大课间,我们聆听了全校学生纯净、美妙、响亮的歌声。顿时,我感觉到,校园里最美好的声音永远是歌声。

今天,学生们共同演唱的歌曲名为 As one。在聆听全校学生的歌声时,我虽然不能完全听懂歌词的意思,但仍然被激昂的旋律、清澈的声音、整齐的节奏震撼。于是,我迫不及待地录了一段视频,回来后反复聆听、感受。

那么,这首歌到底唱的是什么呢?

回来后,我搜索了歌词,觉得整个歌词就像歌名说的那样,引导人们勇于打开心扉,学会分享爱,用爱把每一个人汇聚在一起。其中,有几句歌词彰显了这首歌的精华,我摘录如下:

There's always some good and bad times/but we're gonna keep moving on/Open up your heart and look around the world/just feel this joy of life/I know that if we share the love/we'll never lose our way/Remember it's our everything/all we need is love.

可翻译为:人生总有一些好的和坏的时候/但我们要继续前进/打开你的心扉,放眼世界/感受生活的快乐/我知道如果我们分享爱/我们永远不会迷路/记住这是我们的一切/我们需要的只是爱。

不得不说的是,这是一所小学,最大的学生只有十一岁。在这么小的年龄,他们就沐浴在这样富有诗意、蕴含思想且给人无限力量的歌声中,这是多么意义重大且影响深远的先进教育啊!

我在想,如果学生一个月只学唱一首这样的歌,那么一学年就可以学唱约九首，整个小学下来，学生基本上可以学习五十首以上的歌曲！这有什么意义呢？一方面，一个会唱五十首名曲的学生，在生活中会享受到多少哼唱带来的快乐呢？另一方面，一个会唱五十首名曲的学生，是不是也意味着接受过五十种先进思想的熏陶呢？

我们常常说教育方法过于单一，而音乐不就是非常棒的教育方法吗？在《放牛班的春天》里，马修老师已经给我们呈现了音乐的教育力量。但遗憾的是，时至今日，在很多学校，不要说全校师生共唱一首歌了，就连基本的音乐课，都仍然是形同虚设。

音乐课、体育课、美术课等"副课"和语文课、数学课、英语课等"主课"同样重要！但是，我们远远没有重视这些课程的正常开设，更不要说深度系统地开设了。不得不说，这是当下教育的一大败笔。

事实上，重视主课的功利化教育，正在品尝着功利化教育的恶果，学生越来越难以在学校体验到足够的快乐，学校教育越来越失去其应有的吸引力，无数人正在成为精致的利己主义者……

我们多么期盼学生更加快乐，但是我们做了多少让学生快乐的事情？

我们多么期盼每一位学生都能更好学，但是我们用什么来吸引学生？

我们多么期盼有更多高贵的灵魂，但是我们何曾播撒过高贵的种子？

我期待，更多的校园，有从不间断的歌声。

2018 年 5 月 1 日

礼仪课程何时进校园？

早在 17 世纪后期，英国就开始实施"绅士教育"。"绅士教育"的理念是由英国著名哲学家、政治家、教育家洛克提出的，他把那种有贵族气派、创业精神和才干、强健体魄的人称为"绅士"。由此可见，礼仪课程算是绅士教育的一部分。

今天这节颇有特色的礼仪课程，是由华威大学的琳内特（Lynnette）老师给我们带来的，主要讲礼仪课程中有关交流的内容。琳内特老师首先通过一组不同国家的人见面打招呼的有趣图片，集中呈现了一些典型国家打招呼方式的巨大差异，让我们认识到不了解跨国文化，在打招呼时就会闹出笑话来。

紧接着，琳内特老师给我们介绍了由美国跨文化传播领域的奠基者爱德华·霍尔（Edward Hall）提出的空间关系学和私人空间的概念，其中特别分享了人与人之间的三种空间距离：社交距离（social distance），由 120cm 到 360cm，主要适用于陌生人之间；个人距离（personal distance），由 45cm 到 120cm，主要适用于朋友、同事之间；亲密距离（intimate distance），由 45cm 到零距离，主要适用于情侣、夫妻、亲人或者挚友之间。

确定适宜的空间距离，是开展友好交流的第一步。琳内特老师告诉我们，每个人在社交中都有"自带私人空间"，一旦他人侵犯了自己的"自带私人空间"，那么自己就会感觉不舒服。也就是说，我们在与别人交流时，要根据与对方的亲密程度来确定彼此之间的距离，给彼此保留足够舒服的心理空间，不要侵犯对方的"自带私人空间"。

了解对方的文化需求，这是开展友好交流的第二步。琳内特老师告诉我们，尊重是成功交流的基础，尤其是在跨文化交流中，我们更应该尊重对方及对方的文化，不能根据自己的文化及喜好来想当然地决定沟通方式。适宜的沟通方式的选择取决于文化需求。比如说，英国人见面时可以相互拥抱并亲吻面颊，但是，如果英国人见到中国人也相互拥抱并亲吻面颊的话，就可能会让中国人感到特别尴尬；比如，英国人在友好交流时需要保持微笑，但是俄罗斯人一般不会向陌生人展露微笑。

开展友好交流的第三步，是要具体问题具体分析。比如，当叙述某项内容时，要尽量做到准确；当遇到特别谦让的人时，要多给对方说话的机会；当和别人谈话时，要密切注意对方的身体语言……要根据具体的人及具体的情境来不断调整，要适度沟通，确保对方获得比较舒适的体验。

总之，在这节课上，琳内特老师运用了大量生活实例，在系统说明英国人礼仪特征的基础上，广泛地介绍世界各地的礼仪要求，既有鲜活的案例，又有理论的升华，让我们体悟到"不同礼仪的背后，隐藏着特色文化的基因"的道理。

对于我来说，我更关注的是我国的礼仪课程现状。

据我所知，中国的大多数学校都没有系统的礼仪课程，一般都是将零碎的内容融入所谓的德育活动中。事实上，我觉得礼仪课程涉及生活的方方面面。

中国的不少城市是非常干净的。但是，我们有没有想过，这样的干净，到底是保持的结果，还是清洁工频繁劳作的结果？如果不是保持的结果，那么这里面肯定存在礼仪问题——不爱护自然环境，不尊重他人的劳动成果，当然也没有顾及居住在同一个城市的居民的感受。

再有，中国的很多城市都有公交车和地铁。但是，我们每次乘坐公交车或地铁的感受，都是轻松愉悦或者友好谦让吗？如果我们的感触是相反的，那么这里面肯定也存在礼仪问题——做事不讲规则，不考虑他人感受，不爱惜公共资源。

中国被称为礼仪之邦。但是，吃饭时，我们到底要遵循哪些礼仪？开车时，我们到底要遵循哪些礼仪？旅游时，我们到底要遵循哪些礼仪？在图书馆时，我们到底要遵循哪些礼仪？

……

当我们这样想的时候，会不会突然发现：我们不仅在某些礼仪方面做得不好，甚至我们也不知道到底怎样做才算好，怎么做才符合中国文化的需求……

这些都是问题。

显然，我们需要明确的礼仪课程。

如何才能开设好礼仪课程呢？

首先，需要制定礼仪标准。

在社会主义核心价值观中，我们已经提到了文明、友善等有关礼仪的词汇，但是到底怎么才算文明？怎样才算友善？这就涉及礼仪标准问题了。我们可以制定出用餐礼仪、乘车礼仪、旅游礼仪、交流礼仪等礼仪标准，给予大家一个明确的方向。

其次，宣传各种礼仪标准。

在制定好相关礼仪标准后，我们需要通过一定方式在适宜场合宣传这些礼仪标准。比如，在餐厅宣传用餐礼仪，在公交车上宣传乘车礼仪，在景区宣传旅游礼仪等等。这些礼仪经过宣传后，就会不断深入人心。同时，我们也可以安排志愿者负责提醒、督促，把宣传做得更加到位。

再次，编写统一的礼仪读本。

在制定好各项礼仪标准后，教育主管部门或文化主管部门可以组织专门人员编写全国统一的礼仪读本，这些读本可供社会、家庭及学校使用。当然，这些礼仪读本要尽可能做到文化先进（植根中国文化要求，不要东拼西凑）、内容全面（包括吃、穿、住、行等各方面）、案例鲜活（真实案例，杜绝谎言）、指引明确（要求合理，便于操作）等几方面，以便大家学习。

最后，学校要有专门的礼仪老师。

礼仪课程，可以以班级为单位开设，也可以以年级为单位开设。在开设礼仪课程的初期，每个学校至少要有一位礼仪老师，这样才能把课程开设得更加充分。在学校开设礼仪课程，是解决礼仪问题的重要基础，有利于学生成为更受欢迎的人，具有育人价值。

作为一名教育工作者，我期待礼仪课程能早日进入校园。

2018 年 4 月 9 日

建一所令人惬意的学校

学校是育人的场所，学校环境对学生的成长起到潜移默化的作用。从这个角度来说，学校要有学校的样子，要尽可能创设具有育人功能的环境。

那么，如何才能让校园建设体现出育人功能？结合对国内校园建设情况的了解及参观英国学校的感受，我以为我们可以从以下四个方面着手。

首先，校园环境要具有"美"的味道。

校园环境包括各种建筑、树木、草坪、水池等。如果学校的建筑是破旧不堪的，树木是东倒西歪的，草坪是枯萎、稀疏的，或者根本就没有水池，那么这样的校园肯定是留不住师生的心的。学校要尽可能的"美"，要让师生一走进校园就会感到心旷神怡。

其次，将最大追求和最高荣誉公布在最显眼的位置。

在惠特利学院，我们一进门就看到了一块呈现该校最高荣誉"We are an outstanding school"（我们是一所卓越的学校）的展板。在这块展板上，学校将官方对老师、对学生的优秀评价及学校对老师、对学生的崇高期望均展示出来。学生一进校园就可以感受到学校的美好愿望，自然也会自强不息并做最好的自己。如果学校实在没有什么像样的荣誉，那么我们就把自己的最大追求大声地说出来——学校不就是适合谈论、追求梦想的地方吗？在谈论学校的荣誉和追求时，我觉得每一所学校都应该大大方方的，这没有什么好遮掩的。当然，我希望学校公布的荣誉和追求是真正美好的，而不是世俗的、落后的、短视的。

再次，尽量让师生在校园内感受到舒适和幸福。

学校不仅是教学的地方，还是生活的地方。师生充分感受到身在学校的舒适和幸福，就会迸发出更充沛的生长力量。在菲汉姆帕克学校，校方在教学区设置了舒适的沙发、藤椅及茶几,可供师生们交流、探讨、小憩或晒太阳,师生均可在此放松紧张的身心,这样的设施显得特别人性化,让人感到舒适和幸福。

最后,让学生的闪光点绽放在校园的每个角落。

众所周知,尊重、欣赏、鼓励等对于学生的成长有着强烈的促进作用。在建设校园时,我们要充分考虑如何让校园更广泛更直观地展现学生的闪光点。在林格霍尔学校和体育学院(Lyng Hall School and Sports College)(相当于完全中学,主要招收11—17岁的学生,是一所以体育课程闻名的学校),学校将一位毕业女学生的照片及梦想以巨幅海报的形式张贴在校长办公室旁边,这位学生喜欢化学,打算进入大学继续学习化学,并在毕业时获得了成功。学校将这位女学生的海报张贴在校长办公室旁边,当然是为了彰显学校对生涯规划的重视。当然不要局限在学业这块,只要学生在某些方面彰显出特别可贵的闪光点,我们就要大力宣传,让校园的每一个角落都拥有一个特别美好的故事。

总之,对于一所学校的环境来说,除了要有"教育味",同样不要忘了美丽、舒适、现代。我觉得,学校要是能让绝大多数师生感到惬意,那么这所学校的环境就是出类拔萃的。工作和成长在这样的学校,老师、学生才可能创造更多值得反复讲述和永远流传的温馨故事。

2018 年 4 月 25 日

社会才是终极学校

华威大学是英国顶尖的研究型大学,其商学院更是闻名于世。然而,这么一所名校却坐落在考文垂市(Coventry)和华威郡的交界处,属于"边区"。用中国留学生的话说,这里属于"农村中的农村"。

让我惊奇的地方正在这里,因为这片"农村中的农村"给我留下特别深刻的印象。

首先,乡村也是可以做大学问的地方。

如前所说,华威大学属于顶尖大学,当然有很多师生在这里做学问,而且还做得不错。出类拔萃的学问支撑了华威大学的美名。那么,做学问需要什么条件呢?我以为,华威大学的成功,说明做学问并不是只能发生在城市。也就是说,做学问和所处的环境是城市还是农村并没有必然的关系。

反观中国,所有有点名气的大学都集中在几座大城市,几乎所有大学都位于某个城市。在中国乡村,我们看不到一所大学。从这一点来看,城市集中了中国最好的资源,这也决定了绝大多数人"从乡村迁往城市,从城市挤向都市",无形中形成了中国人"要发展,就需去城市"的观念。

在这种情况下,谁还心甘情愿在乡村发展呢?不得不说,我们缺少心甘情愿去乡村发展的社会环境。因为你一旦选择去乡村,不仅牺牲了眼前的福利、待遇、机会、平台,甚至还舍弃了子女接受好的教育、享受好的医疗、拥有开阔的眼界的机会。

其次,这里的环境真的特别整洁。

每天在住家和公交站台往返的三十分钟里,我感受特别深的就是这里的环境真的非常整洁。我没有看到哪怕一张纸屑、一个塑料袋或饮料瓶;每一家的房屋,不管高低大小,都特别讲究,非常精致、美观;在路边,我也没有看到乱摆乱放的杂物……放眼看去，每一处都显得有序、干净、和谐。

一个乡村，为什么可以做到这样？

显然，只有每一位公民、每一个家庭都做到这样，整个乡村才能做到这样。这样的国家，公民的素养该有多高啊！这样的国家，学生的成长环境该有多好啊！这样的国家，日常的生活质量该有多高啊！

在这样的环境中，您还担心孩子会不讲究卫生吗？这，或许就是"环境育人"的最好证明吧。

最后，这里的人非常节俭。

比如，我们在给华威大学的老师送礼物时发现，他们拆完礼物后会把包装礼品的彩纸和彩带收好，以便以后用这些彩纸和彩带来包装其他礼物。

事实上，真正的节俭，是体现在富足的状态下。生活富裕还能注重节俭，这不能不说是一种美好的品质。在这种环境中长大的孩子，当然不会铺张浪费。

以上三点，是我来到英国后的最大感受。这次，深圳教育局选派我们来华威大学进修，我想，我们除了要在华威大学好好听讲外，还要来到社会这所学校好好体验——学校教育的质量，最终都会以真实的社会现象呈现出来；而社会，才是终极学校，不仅会决定学校教育和家庭教育的方向，而且还会淹没学校教育和家庭教育的成果，以更深刻的方式对学生进行隐形的社会教育。

比如，我们教育孩子要讲究卫生，而孩子一出门见到的就是垃圾遍地的场景和随便丢垃圾的现状。此刻，孩子会怎么想，又会怎么做呢？显然，在养成好习惯的过程中，孩子们需要坚持，这并不轻松；而随意丢垃圾，则是多么轻松、简单！你说孩子会倾向于选择哪一种方式呢？相对于社会教育，学校教育和家庭教育显得多么无力！

社会教育，是需要全体成人参与的教育。社会教育做好了，每一个孩子都是受益者；社会教育做差了，每一个孩子都是受害者。在社会这所学校里，几乎没有独善其身的可能。因此，社会才是终极学校。社会教育的改善，值得每一位成人用心地以教育者的标准参与进来，因为每一个成人的言行都被孩子们看在眼里、学在心里。

当社会现状与学校教育、家庭教育的目标一致时，三者的力量将会汇聚在一起，那时的教育将不会再像今天这样艰难。期待这一天早点到来……

2018年3月19日

第三章

管理,始终有人的影子

课堂纪律的差与社会秩序的好

来到英国的第一周,我们先后去了考文垂、牛津和巴斯三个城市。不管在哪个城市,我们普遍的感觉就是英国的社会秩序比较好,环境美观整洁,建筑精致且特色鲜明,交通文明有序。让我感触最深刻的是,英国人确实比较"绅士"。

比如,在上公交车时,一定是下车的人先下完,上车的人才会排着队有条不紊地上;下车的人会对公交车师傅说"Thanks",上车的人也会对公交车师傅说"Thanks";在公交车上,每个人都安安静静的,或看报纸,或看窗外,或看手机,几乎没有打电话和大声谈论的,更没有吸烟、吃东西和随手丢垃圾的。

然而,有趣的是,英国学生在学校的表现并不么么"绅士"——很多学生,经常性地在课堂上说悄悄话、大呼小叫、随意走动、摆弄玩具、摔饮料瓶子等。只要你能想到的课堂违纪行为,基本上都可以在英国的课堂上找到。

社会秩序与课堂纪律之间巨大的反差让我产生了一个强烈的疑问:英国课堂纪律这么差,为什么其社会秩序会那么好呢?

而这个疑问让我想到:我们绝大多数课堂纪律都非常好,至少没有英国的这么乱,但是我们的社会秩序并没有那么好。这又是为什么呢?

再者,英国学生长大成人,由校园走向社会,是在进步;而中国学生长大成人,由校园走向社会,是在退步。这又是为什么呢?

按道理来讲,中国学生被管得更严格,被要求得更多,被做思想教育的次数更频繁,理应成长得更好。但残酷的社会现实是,在文明礼仪方面,中国学生走向社会后,并没有英国学生做得那么好!

这告诉我们:学校是接受教育的地方,而社会才是真正让人成长的地方;学校让学生知道怎么做才更好,而社会让学生知道必须怎样做才能更好地生存;

学校影响学生的是学生学习的高度，而社会影响学生的是学生实践的高度。对于教育影响来说，一个活生生的社会现实胜过千言万语。当社会现实与学校教育目标不吻合时，学校教育的影响是微乎其微的。

当我这样思考的时候，我又想到中国两种极端教育的结果——书呆子和精致利己主义者。事实上，绝大多数的书呆子是把在学校里学到的做人做事标准搬到社会现实里来践行，对社会现实呈现的状况视而不见、听而不闻，于是显得幼稚、古板、一根筋，甚至是愚蠢至极；绝大多数的精致利己主义者是常常把在学校里学到的做人做事标准说给别人听，而自己则按照社会现实里能让自身利益最大化的道理来践行，于是显得成熟、灵活、精明、善变通，甚至是不择手段。慈悲一点说，书呆子多是不食人间烟火的理想主义者，他们并没有错，错的是社会，因为社会配不上他们的优秀品质；精致利己主义者是吃肉连骨头都不吐的现实主义者，他们也没有错，因为社会教会他们这样做。

在此，我丝毫没有批评现实主义者的意思，因为我们每个人都必须首先考虑生存问题。在资源不充分的现实中，"抢"是高级动物的本性，只有想方设法地"抢"才能实现利益的最大化，这是人性需求。现实的力量太大了，你不按照现实来做，就不可能"多吃一口"。那些理想主义者，"想多吃"是绝对不可能的，能不长久地吃亏已经是谢天谢地了。

那么，我们的出路在哪里呢？

我们没有必要对未来感到悲观。随着经济水平的提高及现代文明的熏染，那个理想的未来正在向我们招手。这个事情急不来，是一个缓慢且深刻的自然进程。

当然，我们这些教育工作者也不是无事可做——首先，我们要把自己变成优秀的公民，并用心培养合格乃至优秀的公民；其次，我们要把自己变成希望学生成为的样子，给学生一个朝向优秀生长的真实榜样；再次，我们要修炼出更多的教育智慧，让我们日常的教育行为有更深远的影响力；最后，我们要坚守自己为人处世的底线，有所为有所不为，千万不可为了利益向世俗低头。总之，"矮个子"很难培养出"高个子"，我们要先做好自己。

我们一起努力吧！

2018 年 3 月 26 日

英国教师这样管理课堂纪律

今天，我们有幸访问了考文垂地区的惠特利学院。

这所学校主要教授十一岁至十八岁的学生。因为英国小朋友五岁就读一年级了，所以这所学校相当于中国的完全中学，包括初中和高中。

在访问这所学校之前，华威大学的老师们说，惠特利学院是一所声誉特别好的学院，以严格管理著称，前不久还被考文垂电视台报道过。怀揣着无比崇敬的心情，我们走进了惠特利学院，并连听了四节课。让人意想不到的是，这四节课均出现了不同程度的课堂纪律问题。

在第一节数学课（高中）上，有两位学生的手机铃声响起。当学生的手机铃声响起后，涉事学生大大方方地将铃声关掉，其他学生相视而笑；而上课老师（中年，女）则继续按着进度上课，甚至没有停下来说句话。

在第二节烹饪课（高中）上，老师（中年，女）根据学生操作的过程、烹饪出的食物状况及学习报告单的填写情况，分别给每位学生打出了分数。一位女生瞟了一眼成绩单后，立刻把成绩单揉成纸团并丢到垃圾桶旁边。其他几位学生，有男生，也有女生，收拾好书包，有说有笑地挤在教室门口准备下课。而老师，对这些均不闻不问。

在第三节西班牙语课（高中）上，一位打扮时髦的女生一进课室就无所事事，一会儿摆弄饮料瓶子，一会儿把长头发捋在脸上扮恐怖，一会儿肆无忌惮地梳头，一会儿大声地对着全班同学说笑……老师（青年，男）在提醒无效、记名无效后，让她走出课室站几分钟，她喋喋不休地走出去后，在走廊发出很大的响声。过了几分钟后，这位女生走进课室，但还和之前一样。老师再次提醒无效后，让这位女生到厕所里站一会儿。这位女生再次喋喋不休地走出去，过了几分钟后走了进来，然后把老师发下的学案叠成纸飞机。其间，老师趁学生分组学习的时候，走到这位女生旁，一边和她交流，一边把纸飞机展开、抚平，同时指着学案告诉这位女生要做什么。

在第四节地理课（初中）上，一位坐在课室门口的男生，一进来就边玩饮料瓶子边大声地笑。老师（青年，女）先是提醒，提醒无效后在黑板上写上这位男生的名字并记录提醒次数。这位男生丝毫没有收敛，继续玩着、笑着，声音响彻整间课室。第二次，老师走近这位男生，将其学案和课本打开，送到他面前，告诉他要做什么。但是，这位男生还是这么玩着、笑着。老师没办法，要求这位男生出去站几分钟。这位男生走出课室后，旋即又回到课室，收拾好书包，径直走出了课室，直到下课后才出现在课室门口。

在听课的过程中，我们小组的五位老师，都认为这四节课的课堂纪律太差了。于是，在听完第四节课后，我们和地理课上的女老师聊了聊英国教师管理课堂的方法。

首先，当出现课堂纪律问题后，老师要提醒，引导学生安静下来或回到课堂上来。如果某个学生仍出现纪律问题，要点名提醒。这一步主要是提醒，分为全面提醒和点名提醒。

其次，在提醒后，如果某学生仍然出现纪律问题，则要再次提醒，可以理解为语言警告。如果纪律仍没有改观，那么可以在黑板上或课堂日志上记录违纪学生的名字，这可以理解为记录警告。这一步主要是警告，分为语言警告和记录警告。

再次，在警告后，如果学生仍然没有收敛，继续扰乱课堂纪律，那么老师就可以要求学生离开课室，轻则在课室门口站几分钟，重则要到厕所里站几分钟。这一步主要是罚站，多是在门口罚站，厕所罚站较少。

最后，在罚站后，如果学生仍然存在纪律问题，那么老师就要评估学生违纪的严重程度，轻则老师可要求其在放学后留校反思二十分钟（有专门的地点，在这个地方，学生只被允许默不作声地坐着），重则老师可通过邮箱、面对面说明等方式，将违纪学生的问题如实反馈给学校专门管理学生纪律的部门，这时该部门就会来人把学生带走，做进一步的处理。

在观察英国老师处理课堂的实际情况并听取详细介绍后，我有以下几点感悟。

首先，教师必须以宽广的胸怀和平和的心态面对课堂纪律问题。在上述四节课中所出现的纪律问题，在中国都算作比较严重的课堂纪律问题，更何况还是发生在外国交流老师听课的时候。但是,从四位老师当场的表现来看,他们都显得特别平和,几乎没有什么失落、遗憾,更谈不上面有愠色。而且,在四位老师中,有两位老师亲手为违纪学生整理课本或学案,做到了最大限度的仁至义尽。老师体现出的宽广的胸怀,着实让人感动。如果换成是我,我几乎没有可能做得那么宽容和平和。

其次,教师处理课堂纪律问题,要讲职业规则,不能看心情行事。在最后交流的时候,那位青年女老师表达了无奈之情,同时表示她们只能那么做。遇到课堂纪律问题,肯定不是让人高兴的事情。然而,老师不能做坏情绪的宣泄者,以致口无遮拦或鲁莽行事。此刻,老师必须讲职业规则——你是老师,你就只能做这些,也必须这样做。可以说,上述四位老师都是非常专业的,把自己能做的事情做到最好,尽人事听天命,实在不行就把情况报告给专门部门。

再次,学校要有科学的课堂纪律问题处理系统。在讲课老师要求学生离开课室的时候,我们都为老师捏了一把汗——一是担心学生的安全问题,二是猜想学生会不会投诉老师。在我们提出疑问后,青年女老师为我们做了详细的解答:学校的走廊里都安排有巡查的值班老师,他们会观察被请出课室的学生,所以一般不会发生诸如学生外出、跳楼等安全问题;要求留校的学生,一般都会乖乖地留校反思,因为也会有专门的人盯着,老师不用担心被要求留校的学生不留校,因为会有专门的人找他们,一旦不留校,会被给予更严厉的处罚;学生对老师的处罚,一般都不会有过于激烈的顶撞行为,因为所有老师都是这样处理的,学校也支持这样的做法,老师可放心照着去做。

最后,没有只管教学而不管纪律的老师。课堂纪律和课堂教学是有机统一的整体,任何人都不可能把它们完全分开。从这个角度来说,管纪律就是管教学,不存在只有教学而没有纪律的课堂,也不存在只管教学而不管纪律的老师。因此,管理课堂纪律应该成为老师的重要工作,每一位老师都要树立积极管理课堂纪律的意识,充分了解学校管理课堂纪律的规则,修炼管理课堂纪律的智慧。

需要再次强调的是,惠特利学院是同类学校中非常好的学校,这样层次的学校都存在这么严重的课堂纪律问题,那么其他普通学校的课堂纪律也不会好到哪里去。从这个角度来说,作为中国教师,其实我们还是非常幸福的。

2018 年 3 月 26 日

英国如何布置学科课室？

今天，在东青初级学校，我重点关注了学科课室的布置情况。下面，我结合访问的四所学校的经历，集中描述英国学科课室的布置情况。

在英国的小学阶段，学生一般是没有选课走班的，多数课室都是英语、数学、科学等多学科共用的；在英国的中学阶段，学生一般是选课走班的，多数课室都是单一学科的课室，当然也存在多学科共用课室的情况。不过，不管是在小学，还是在中学，学科课室的布置都很相似。每一个学科课室，基本上都包括以下项目——

一、学科课室需要呈现学科关键思维方式

在该校的一间课室里，老师将这些有关解决数学问题思路的图片张贴在课室的墙壁上。

图片上的内容为——

Read: Read the question carefully.

Underline: Underline the key words and numbers.

Calculation: Choose the correct operation(s) and mental or written method of calculation

Solve: Solve it. Make sure you follow the steps.

Answer: Have you answered the question? What did I have to find out?

Check: Check the answer. Can I use the inverse to check my working?

可翻译如下——

阅读：仔细阅读问题。

画线：在关键词和数字下面画线。

计算方法：选择正确的运算，心算或笔算。

解决：解决它。一定要按照步骤去做。

回答：你回答问题了吗？我必须发现什么？

检查：检查答案。我是否能进行反向检验？

顾名思义，学科思维方式，就是学习、理解、应用本学科所需要的特定思维。上述数学学科思维，在解决数学问题方面的确非常管用。学科思维，是学科教学的高级目标，当然需要张贴出来并时时加以应用，以指导学生开展对本学科的学习。

二、学科课室需要拥有学科重要工具

下面这张图片（下页第一张图），是张贴在一间低年级课室的墙壁上的。

这张图片，主要是呈现了1—100这一百个阿拉伯数字的写法，可以帮助孩子正确书写1—100中的任何一个数字，这就相当于是学习该学科所需要使用的工具。作为学科课室，就要像工具箱一样，给学生提供该学科所需要的工具。

三、学科课室要表明学科核心知识

学期不同，学生所学习的核心知识也不尽相同。但是，在一般情况下，每门学科在每一学期都有一些核心知识点。这些核心知识点，当然就是需要学生更加关注的知识点。这些学科知识点就需要在学科课室内呈现出来。

比如，我们看到这张图片，一下子就能看到该课室的学生这学期要学习分数、小数、百分数及它们之间的相互转化。一旦将这些核心知识张贴出来，学生们时不时地就会巩固一下，这当然是非常有意义的。

四、学科课室要彰显学科优秀作品

在学科教学中，老师追求什么，老师希望学生做什么，老师想给予学生哪方面的引导,都可以通过老师对学生作品的评价来明确。下面这张图片,就是一间学科课室呈现的优秀学生作品。

这些作品,主要是各种动物画作,多数是在一个泡沫盘子里画的,可能是某一主题的绘画作品。当老师把这样的作品展示出来,我们就感觉到了老师对学生的学习成果的尊重,同时也感觉到了老师对这一主题绘画作品的引导。

五、创建学科课室归属感

多数学科课室,都是本学科分层的课室;同一学科课室的学生,其学业水平基本相近。但是,在不同学科,这些学生可能就会被分开。在这种流动的情况下,学科课室的建设更加需要帮助学生在学科课室内寻找归属感。一个非常有效的做法就是,让学生在本学科课室内看到自己"学习的影子"。这样,学生就容易在课室内找到归属感,当然也就趋向于融入这间学科课室的学习活动了。

下面这张图片,就是某四年级学科课室集中展示的学生照片——

这张图片,非常有特色:整体来看,全家福是一盆花的形象,寓意孩子们像花朵一样可爱、生机勃勃;全班组成了一盆花,象征全班学生是相亲相爱的

一家人；右下角的老师，成了美丽的守护者，诠释了优秀老师的角色；而上方的一句话是点睛之笔——growing and learning together（一起成长，一起学习），这多么有利于同学友谊的形成啊！

  人都是有情感需求的动物，年少纯净的学生更是如此。在学生流动性特别强的学科课室中，我们要留有满足学生情感需求的区域，以一定形式把所有学生的足迹都记录下来，给学生留下更美好的记忆。

  总之，学科课室的布置与行政班级课室的布置有相似之处，但更多是不同的。当然，无论如何布置学科课室，我们都需要铭记学科课室布置的主题一定是"学科"，同时也不要忘记"人"的存在。既要充分考虑到学科特色，同时又顾及人的存在，这样布置学科课室，就走在正确的道路上了。

2018 年 4 月 30 日

不断升级的七彩荣誉

今天，我们有幸来到了菲汉姆帕克学校。学校安排了两位七年级的学生带我们参观校园。这两位学生，一位是略显瘦小的男生，一位是白净高挑的女生。一路走来，我们对两位学生给予了很高的评价，因为他们不仅大方得体，而且侃侃而谈，俨然是青年才俊。

在参观的过程中，我们注意到了女生胸前佩戴的黄色、蓝色、红色等不同的四枚狮子（学校校徽为狮子图像）形象的奖章，便问她这代表什么。女生解释说，当她在学术、体育、艺术等方面取得某项成绩时，就可以获得奖励，当同类奖励达到一定程度时，就可以用这些奖励换取奖章，这四枚奖章都是她用奖励换取的！于是，我们都不约而同地夸奖她，获得那么多奖章，说明她非常优秀。

这时，男生突然说话了："我也获得了很多奖章，只不过昨天洗衣服了，所以今天没有佩戴奖章。"听着男生的解释，我们为自己的粗心感到抱歉，同时也意识到学生们对这些奖章还是非常在意的。学生越在意，说明这些奖章越有意义。

为了弥补男生刚才的遗憾，当得知男生喜欢化学后，作为化学老师的我，立刻对他伸出大拇指，并对他说："You will become an excellent chemist in the future"（你将来会成为一名出色的化学家）。男生听完后，脱口而出："Of course"（当然）！这种自信，真的让我非常喜欢，我对他诚挚地发出邀请："Welcome to China"（欢迎来中国）。

在参观完校园后，两位学生把我们带到了办公室。负责接待我们的副校长，分别给两位学生一张贴纸，估计是为了奖励他们带领我们参观校园这项特殊的工作吧。由此可见，该校在学生荣誉这块已经做得非常成熟了。在和该校老师交流的时候，我们再次问到了关于荣誉的事情。结合该校的经验及我的理解与设想，我想我们可以按照如下步骤在学校建构荣誉体系。

首先，确定荣誉领域。

我们到底希望学生在哪些领域有更出色的表现，那么这些领域就可以成为学校荣誉领域。比如说，我们想提升学生素养，可在语言、人文、科学、数学、科技、艺术、体育等七方面设置荣誉，用不同颜色且带有校徽形象的奖章来代表学生在此领域所取得的成就，如此，则可取名为"某某学校七彩荣誉体系"。

其次，确定荣誉标准。

以科学领域的荣誉为例，学生在什么情况下才能取得科学奖章，这就是荣誉标准。有了荣誉标准，就相当于对学生的成长有了明确的指引。在确定荣誉标准时，我们要尽可能做到形式多样、表述清晰、目标合理。比如，在确定科学荣誉标准时，我们就可以这样具体制定：在期中期末考试中，取得物理、化学、生物等某学科年级前五的成绩；参加物理、化学、生物等学科竞赛获得市级一等奖及以上奖项；开展物理、化学、生物等学科小课题研究，经鉴定合格者；等等。

再次，提升荣誉价值。

所谓提升荣誉价值，包含两方面的内容：一是荣誉领域对学生的发展确实有指导作用，这需要我们不断改善荣誉领域；二是学生对荣誉体系是非常在乎的，这需要我们做好做足荣誉的评定、授予、维护等工作。其中，后者尤其需要注意。比如，在评定好荣誉后，我们采用何种形式授予学生呢？显然，这个仪式必须隆重，可以在全校师生大会上宣布、授予，而且是校长亲自宣布、授予，将其视为学校最高荣誉。至于维护，对于佩戴荣誉奖章的学生，我们自然要高看三分以表示重视，从而让学生很想佩戴，也乐意佩戴。

最后，完善荣誉系统。

学生什么条件能拿到奖状，什么条件可以拿到奖章，这是不断升级的过程，同时也是学校要不断完善荣誉系统的过程。需要说明的是，我们除了需要完善这些"低级别"的荣誉系统外，我觉得应该有更高级别的综合荣誉。比如，科学奖章是奖励学生科学方面的成就，体育奖章是奖励学生体育方面的成就，艺术奖章是奖励学生艺术方面的成就，如果学生取得全部七枚奖章呢？或者学生取得三枚、四枚、五枚、六枚呢？我们是否可以以此来设置"卓越学生""优秀毕业生""永久荣誉学生"等奖项以代表学校最高荣誉？这是值得我们仔细探讨的。

总之，评价是世界性难题，做好了评价工作，其他工作才有章可依。学校的荣誉体系的构建，是学校核心价值的体现，也是学校一项非常重要的工作，需要我们全心筹划、精心设计、用心开展。

2018 年 4 月 18 日

为什么要采用数据管理?

今天,菲汉姆帕克学校的副校长给我们分享了学校数据管理的概况,让我们对数据管理有了基本的了解,同时也激发了我们的思考。

副校长首先给我们介绍了该校进行数据管理所运用的数据类型:

总结性评价(summative assessments);形成性评价,包括同伴评价和自我评价(formative assessment including peer and self-assessment);家庭作业和课堂作业(homework and classwork);受控评估(controlled assessments);最后四个进步报告检查(the last four inform progress checks)(注:英国 Ofsted 是"Office for Standards in Education, Children's Services and Skills"的缩写,可翻译为"英国教育、儿童服务和技能标准办公室",在评估杰出学校时会重点考虑学生的进步情况)。

紧接着,副校长给我们讲解了进行数据管理的目的:

监督学校的进步(to monitor school progress);确定整个学校和部门的关注点与强项(identify whole school and departmental concerns and strengths);识别不良学业成绩(identify underachievement);突出的进步(highlight progress);教学报告(inform teaching)。

之后,副校长给我们举了几个例子——

比如,关于学生性别的统计:

学生性别统计

Gender（性别）	Year7（七年级）	Year8（八年级）	Year9（九年级）	Year10（十年级）	Year11（十一年级）
MALE（男）	128	126	144	123	105
FEMALE（女）	112	115	97	115	131

比如，关于学生学业水平的统计：

学业水平统计

Prior Attainment group（学业水平）	Year8（八年级）	Year9（九年级）	Year10（十年级）	Year11（十一年级）
HIGH（高）	137	144	115	122
MIDDLE（中）	76	81	85	91
LOW（低）	7	7	24	24

该校连续两次（2010—2011，2014—2015，每三年评一次）被 Ofsted 评为"Outstanding School"（杰出学校）。其中，数据管理便是它的特色。

对比中国，我觉得该校的数据管理具有以下三大特点：

一是具有整体性数据。该校非常清楚自己的优势学科和弱势学科是什么，能够从学校建设的全局对某些学科进行针对性的强化；而国内大多数学校并不能用科学的数据确定本校的优势学科和弱势学科，致使学校的着力点不集中。

二是具有细致性数据。该校知道每个年级的男女生人数的准确数据，能根据性别的差异提前调控好课程的类型及安排，使每个年级的工作出现更合理的差异性；而国内大多数学校一般不太重视男女生的具体数字，不会根据男女生的具体人数而提前开展针对性的工作，每个年级的工作思路和以前的基本完全一样。

三是具有标准化数据。该校在分析学生的学业水平时，都是以 GCSE's（"General Certificate of Secondary Education" 相当于中国初中毕业生会考）、A-levels（"General Certificate of Education Advanced Level" 的缩写，相当于中国高考，是大学录取的主要依据）、BTECs（"Business & Technology Education Council"，相当于中国中职生对口升大学考试）、OCR Cambridge Technicals（剑

桥大学考试局考试，相当于中国的大学自主招生考试）。显然，这些数据很具有权威性，可作为有效数据供学校进行内部纵向比较和不同学校间的横向比较，且比较结果是比较客观的。而在中国，在学生初中和高中毕业后，学校仅仅了解一下"考得好"还是"考得差"，一般都不会再对学生的考试成绩做具体分析，更不会运用这些重要数据改进未来的工作，往往只注重期中考试、期末考试等学校考试成绩的分析。

数据管理可为学校提供较为客观的数据，具有不可替代的特殊价值。到底如何进行科学的数据管理，我们且行且探索。

2018 年 4 月 18 日

按层次分班的利弊谈

今天，华威大学的萨尔（Sal）老师在给我们上课时，提出要让我们变换课室里的座位的要求，说"要让我们与不同的人交流"。这一做法给了我较大的触动。

为什么要这样做？

萨尔老师进一步解释："让学生与不同的人交流，比如与不同性格、不同家庭环境、不同学习水平、不同性别、不同年龄的人交流，而不是固定地局限于某一个小圈子。"

这样做，有什么好处呢？

萨尔老师没有说，或者我没有听懂。当然，这样做肯定有这样做的好处。我认为，从萨尔老师是在介绍"社会建构主义教学模式"这部分内容时提到这个观点的契机看，我们可以从当时的情景来分析其中的原委。

从学生学习的角度来看，社会建构主义教学模式是在教师、学生、任务和环境等四要素的基础上，立足师生间的合作关系，通过社会互动和个体间的相互作用让学生获得深刻的体验及丰富的经历来共同建构知识，并引导学生逐步成为自主学习者。也就是说，学生要建构知识，就要获得深刻的体验及丰富的经历；要获得深刻的体验及丰富的经历，就必须拥有充足的社会互动和个体间的相互作用，这在根本上需要学生与不同的人打交道。

如果从学生成长的角度来看，学生与其他学生之间的交往，也能为其良好的社会化交往打下坚实的基础。学生在实际生活和工作中，肯定不可能只遇到一个人或同一种类型的人。换言之，学生需要与不同类型的人交往。如果学生只与同一类型的学生交往，那么获得的交际经验必定是单一和残缺的；如果学生以这种单一和残缺的交际经验来面对复杂的社会交往，那么必定会到处碰壁。

显然，这不是理想的教育结果。

此外，与不同的人交往，才有可能了解不同类型人的心理特征，才能更全面地洞察人性，从而培养出更丰盈的心灵和更健全的人格。这些，同样是学生顺利工作和幸福生活所必需的。或许，以上原因，正是诸多女校从只招收女生逐渐过渡到招收男女生的原因吧。

萨尔老师或许意识到我们这个海培班的每一位学生几乎每天都坐在固定的位置上，久而久之，也形成了自己的"小圈子"，所以故意要"拆散"我们，以便我们获得更深刻的体验及更丰富的经历。而这，正是让我触动的地方。

严格意义上讲，我们并不是学生，而萨尔老师也并非经常给我们上课。在这种情况下，萨尔老师依然希望我们能打乱座位以便与不同的人交流，这足以体现萨尔老师有多重视学生与不同的人交流，或者萨尔老师认为与不同的人交流这一点对于学习是多么重要。

当我这样思考的时候，我猛然想到，中国许许多多的学校正在或即将按学生的学业水平层次把学生分到不同类型的班级。如此一来，每个班的学生在学业方面都处于几乎完全相同的水平，班级学生的同质化将会达到一个新的高度。而这，是否意味着更不利于学生的学习？是否意味着更不利于学生的成长？是否意味着我们的教育正在或即将走下坡路？

这绝不是危言耸听！

事实上，由上述分析来看，按照学生的学习水平把相同水平的学生分到相同班级的做法，对学生的学习和成长都是不利的。当然，对于老师和学校来说，这样分班是有利的——学情比较单一，老师几乎只要准备一种方案就可以上课了，再也不用考虑更多类型的学生问题了；对于学校来说，集中起尖子生更容易"拔尖"，集中起"尾巴生"更容易隔绝、消除"尾巴生"的不良影响。表面上看起来，尖子生在学习上更有利，实际上他们得到的远远没有失去的多，或者说得到的远远没有失去的重要。

总之，从以上角度来说，我反对学校按学生的学业水平层次来分班的做法。这样的思考是完全站在学生学习和成长的立场上得到的。而为学生考虑，不正是开展教育教学工作的出发点和归宿吗？

2018年4月11日

第四章 ◆◇◆◇◆ 教学,有趣、有料、有用

英国好课的标准是什么?

今天,华威大学的佩恩(Penny)老师给我们分享了英国好课的重要指标。为了避免因翻译造成的误解,特录原文如下——

The key indicators of an outstanding lesson should be——

1. Are all pupils being challenged?

2. Are all pupils making progress?

3. Are all pupils being at least engaged and at best inspired?

为了方便后文论述,先简单翻译如下:

一节好课的关键指标是——

1. 所有学生都受到挑战了吗?

2. 所有学生都取得进步了吗?

3. 所有学生都参与其中并获得最佳启发了吗?

下面,我们来分析每条指标所包含的意义。

第一,所有学生都受到挑战了吗?

学生是否受到挑战,主要指向的是教学内容的难度设置和教学内容的发展逻辑。

一方面,教学内容要具有一定的难度,需要学生经过持续的努力、认真的思考、勤奋的练习或全面的讨论才能达成相应的学习目标。教学内容偏易,学生就提不起兴趣,几乎没有什么收获;教学内容过难,学生没有足够的能力学习,既打击学生的学习积极性,也会让学生无功而返。

另一方面,教学内容的呈现一定要符合学生的现有水平及认知特征。也就是说,教学内容的起点,一定要与学生的现有水平相吻合,让学生"宽进";而从起点到终点的发展过程，要有适宜的"阶梯"供学生攀登，让学生"严出"，但不能让学生"出不来"。

以跑步为例，如果我们平时可以跑3000米，现在要求我们跑3500米，那么我们会觉得有点难度但可以尝试，这样我们就受到了挑战。而如果让我们跑3050米，那么我们可能觉得没有什么意思，因为自己可以轻松完成，这样的任务就没给学生带来挑战。

对于这一点，最难的在于"所有"。在很多课堂上，我们只能做到让大部分学生受到挑战。那些学业水平非常优秀的学生和那些学业水平非常薄弱的学生都很难受到挑战，前者基本上感觉不到难度，后者基本上都会被吓到。

那么怎么才能做到让所有学生都受到挑战呢？

我觉得，我们的教学内容在考虑多数中间学生的前提下，必须分层设计。比如，以课堂检测为例，我们可以设置基本题、升级题和压轴题，学生可以根据自身情况进行选做，既让中间的学生"吃得好"，又能让两头的学生"有的吃"。

第二，所有学生都取得进步了吗？

学生是否取得进步，主要指向的是学习目标的达成情况，包括知识与技能、态度与方法、情感态度与价值观等三个方面。

学习目标的达成必须以特定载体为支撑。从这个角度来说，我认为一个学习目标最好对应一个载体或两个，甚至三个载体。如果我们设置了学习目标，但却没有相对应的支撑载体，那么我判断这个学习目标是很难达成的。

从老师的角度来说，学生是否取得进步的第一个关键在于老师是否为每一个目标的达成设计了适宜的载体作支撑。老师为每一个学习目标设计支撑的载体，是学生取得进步的基础。

当老师为每一个学习目标设计好支撑的载体之后，接下来就是要在课堂上有效使用达成学习目标的支撑载体了。比如，为了让学生掌握过滤的操作方法，我设计了一个关于过滤的学生分组实验。那么，学生分组实验就是支撑达成"学生掌握过滤的操作方法"这个学习目标的载体。在课堂上，我需要做的就是让学生分组实验有效开展。如果学生均认认真真地按照要求做实验，那么我就有效地使用了达成学习目标的支撑载体；如果学生在说说笑笑间随意做实验，那我就未能有效使用达成学习目标的支撑载体。

从老师的角度来说，学生是否取得进步的第二个关键，在于老师是否有足够的能力组织、调控课堂，保障学生能够充分地利用达成学习目标的支撑载体，从而在利用支撑载体的过程中达成学习目标。

对于这一点，我觉得最难的地方依然在"所有"。所有，即全部学生，一个都不能少。这是非常难的。作为老师，我们可以无限改进自己的教育教学水平，但实在不能保证可以完全调动起所有学生的学习积极性——我们喊不醒一位装睡的人，也教不会一位一点也不想学习的学生。

第三，所有学生都参与其中并获得最佳启发了吗？

从我个人的理解来看，将第二点和第三点的顺序互换，这样在逻辑上显得通顺些，为什么这样说呢？我们可以这样看：老师设计学习过程——学生参与其中并受到启发——学生获得了进步。参与其中并受到启发，主要是过程性的，而是否取得进步，主要是结果性的。鉴于此，我认为第二点和第三点可以互换顺序。

当然，是否互换顺序，并不影响我们的理解。

学生是否参与其中并受到启发，主要指向的是老师对课堂的组织、调控及老师对学生的适时提问、帮助。

先来看"老师对课堂的组织、调控"这方面。绝大多数失败的课堂，都有一个特征，那就是老师对课堂的组织、调控不到位，完全做不到"击鼓而出，鸣金而止"。能否做到这一点，关键要看三方面：一是老师的课堂安排是否合理；二是老师的课堂氛围是否轻松有趣；三是老师在学生心中是否有足够的威信。这三者都关乎老师个人的基本功，不是在短期内可以迅速提升的，需要老师们不断修炼。

再来看"老师对学生的适时提问、帮助"这方面。要做到这一点，老师必须先走到学生中间去，这样才有机会给予学生有针对性的提问及帮助。对老师来说，学生在课堂中的表现，既有可以预见的，也有出乎意料的。对于可预见的学生表现，老师指导起来得心应手；对于出乎意料的学生表现，老师要沉着应对，能当堂解决最好，不能当堂解决就留到课下解决，不要瞒天过海，不要敷衍了事，因为学生的每一个问题都是学生的最佳生长点。

对于这一点，最难的仍然是"所有"。所有学生都参与，所有学生都获得启发，这可以作为最美好的愿望或者最理想的追求目标，不一定能在实际课堂中得以实现。然而，课堂教学就是一门遗憾的艺术，我们努力向着最好前进吧。

以上是我对英国好课标准的理解。个人认为，英国好课标准的最大特点是每一个关键标准都指向所有学生。这三个"所有"，给英国好课定了一个特别高的标准，同时也告诉我们，最美好的课堂教学肯定是面向每一位学生的，体现了课堂教学对每一位学生的尊重和期望——这是好课的标准，当然也是为师的标准。由此可见，不管是在英国，还是在中国，上一节好课、做一位好老师都是特别不容易的。

2018 年 4 月 4 日

面向未来的烹饪课

今天，我们在惠特利学院观摩了一节别开生面的烹饪课（cooking lessons）。这节课给我留下了深刻的印象，让我知道什么是实实在在的"面向未来"。

据了解，这种烹饪课是一节以化学和生物为知识背景的选修课，是在完全真实模拟厨房（有切板、菜刀、烤箱、电火炉、面粉、食用油等真实厨房用品）的环境里学习烹饪。这种选修课主要面向高中学生，选修这种课的学生比例高达20%。课程的主要考核方式及所占分值的比例为：烹饪知识笔试（50%）+平时烹饪实验（35%）+烹饪食物质量（15%）。

在这节烹饪课上，老师要求学生根据烹饪方案制作一种扑克牌大小的油酥糕点（pastry），学生要经过称量、和面、成型、烤熟、试吃（感觉做得好就可以吃）等步骤完成这一任务。我们观看了学生称面、和面、成型、烤熟的全过程。待学生取出烤熟的油酥糕点后，老师会对学生的作品进行点评，同时根据学生记录烹饪实验过程的情况，给学生的表现进行打分，并及时反馈给学生。

惠特利学院是一所普通的中学，并不是职业学校，他们为什么开设这门烹饪课程呢？

跟老师交流后，他们说，主要是有三点考虑——一是烹饪技术是特别实用的生活技能，学好了烹饪，将来的饮食才能更健康；二是满足对烹饪感兴趣的学生的需求，让他们在走上社会前有机会学习到科学的烹饪技能；三是一部分学生家长特别忙或者因为其他原因而不能正常为孩子做饭，孩子有必要学会烹饪技术以解决眼前的吃饭问题，同时也学习到一种可以终身应用的生活技能。可以说，这三点考虑都是立足现在并面向未来的。

为了开好这门选修课，学校做了很多准备工作。

首先，学校将此门课程和其他选修课同等对待。一般情况下，像这种课程，都是具有"玩"的意味。但是，学校为了规范这门课程，煞费苦心地设计了"烹饪知识笔试（50%）+平时烹饪实验（35%）+烹饪食物质量（15%）"这种理论和实践相结合的考试方式。客观地说，这样做既兼顾了化学、生物等学科知识的渗透，又切实引导学生学好这项生活技能。

其次，学校是真刀真枪地教学生烹饪。惠特利学院并不是职业学校，更不是厨师培训学校，但是，学校为了开设这门课程，竟然把锅、碗、瓢、勺、刀、面、油等买全了，让学生真学、真做，而不流于纸上谈兵的形式主义。不得不说，这是一门良心课程，是下了血本的。

最后，学校为学生准备了烹饪教材。这本教材叫 Food Preparation and Nutrition（《食物准备与营养》），是出版社正规出版的图书。什么叫认真、规范、科学？这就叫认真、规范、科学。很多老师都开设了选修课，但是能用正规教材的选修课实在不多。

总之，这门课程给我留下了特别深刻的印象。我们常问什么课程才是重要的课程，我想说这样的关乎一日三餐、关乎未来生活质量的课程绝对是重要的课程。但是，在我们的学校里，我们开设了多少这样既接地气又面向未来的课程呢？或者说，我们开设了这类课程，但是又有多重视这类课程呢？再或者说，我们是不是还在给学生说诸如"只要考试考得好，其他都不重要""你只管学习，不要管其他""来学校就是学习的，要学烹饪请到厨师学校去"此类的话呢？

看来，开设课程真的是一门大学问！

2018 年 3 月 26 日

细致分层的英国阅读课

今天，我们参观了惠特利学院的图书馆，并有机会了解了有关英国阅读课的基本情况，让我们对阅读课有了崭新的认识。

惠特利学院作为一所完全中学，其图书馆却非常小。小到什么程度呢？其面积大概只有中国两间课室的大小，这哪像一个完全中学的图书馆啊！此外，这所图书馆的藏书量也是非常少的。据图书管理老师介绍，他们只有约25000册书，和我们的图书馆相比，简直少得可怜。

然而，就是建设这么微型的图书馆，也是需要大智慧和高投入的。

为什么这样说呢？

这个图书馆的主要特色在于它的细致分层。

据图书管理老师介绍，他们聘请了校外阅读专家，通过一种网络调查测试，将学生的阅读水平分为1～5.5等10个不同的等级，每个大的级别里又包含了图书的不同阅读难度系数；同时将所藏图书也分为相应数目的不同等级及阅读难度点数。如此，学生就可以根据自己的阅读水平，选择相应阅读等级及阅读难度点数的图书。比如，《冰与火之歌：权力的游戏》（美国作家乔治·R. R. 马丁所著的一部当代奇幻文学小说）的阅读等级为5.5级，阅读难度点数为45.0。

另外，图书管理老师还告诉我们，他们每周每个班级都有一节快速阅读课，时长为五十分钟，地点为图书馆，内容为自选图书。因为交流时间有限，我们并未了解到是否有快速阅读标准及具体内容等重要信息，这确实是一个遗憾。

尽管如此，在了解了上述信息之后，我和同学们仍然感到特别惊讶。

首先，惠特利学院图书馆所藏图书求精，不贪多求全。据介绍，惠特利学院图书馆里的每一本图书，都是阅读专家根据学生的阅读需求及阅读水平精心挑选的，都被鉴定过阅读等级及阅读难度点数。不是什么图书都可以进入学校图书馆的，学校也不会大批量购进许多装门面的图书。

其次，惠特利学院为推广阅读做了大量的精细工作。很多学校图书馆备书的工作几乎不费吹灰之力，一天就可以到位，而且数量极其惊人，但是，惠特利学院却聘请了阅读专家来评定学生的阅读水平，并将图书做相应水平的划分，把工作做到了汗毛孔里，真的是非常精细。

最后，惠特利学院坚持开展阅读课。惠特利学院要求每一位学生每周都必须选择一节快速阅读课，将阅读课开成了必修课，这不仅能提升学生的阅读水平，同时也能强化学生的阅读意识。虽然图书管理老师也说到了开展阅读课有很大难度，但是他们还是坚持了下来，因为他们会坚持做被认定为有重要意义的事情。在我所知道的很多学校，其实都做不到这样。

吃饭长身体，读书育精神。读书的重要性已经不言而喻，但是推广阅读的工作做得如何呢？我们到底有没有把阅读工作真正放在心上、研究出更科学的方法、坚持做更有效的工作呢？教育真的不是一张嘴说出来，或者一伸手做出个样子来就万事大吉的工作，而是需要精雕细琢、慢慢耕耘，就像惠特利学院推广阅读的工作一样！

2018 年 3 月 26 日

一节数学课的含金量

今天,我们在菲汉姆帕克学校听了一节由刘易斯(Lewis)老师执教的数学课,其课题名称为"Probability Trees"(概率树)。这节课,刘易斯老师是这样设计的。

上课伊始,该老师投影了一道练习题:

Add、subtract、multiply and divide mixed numbers(加、减、乘、除混合运算)——

1. $2\frac{2}{3} + 1\frac{3}{5}$;

2. $2\frac{1}{4} \times 1\frac{2}{5}$;

3. $1\frac{3}{4} \div 2\frac{1}{2}$。

在学生计算几分钟后,刘易斯老师询问了学生的计算答案,并在白板上详细地展示了通分、约分等计算过程。紧接着,刘易斯老师呈现了本节课的第二部分内容:

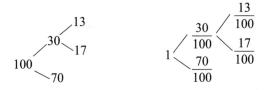

刘易斯老师由此引入 Frequenty Trees(频率树)及 Probability Trees 的概念。在教师讲解及学生讨论后,刘易斯老师开始让学生做学案上的题目,并先后解

决了七个问题。因题目较多，特摘录第一个问题和第六个问题，以供有兴趣的老师研究。

Q1：

Laura is raising money for charity. She has a game with two sets of cards.

Set A：1，3，5，6，7

Set B：2，4，8，9

80 students are each going to play Laura's game once, Each student takes at random one card from each set of cards, They add the two numbers to get a total score, Each student pays 70p to play the game, Laura pays E3 to any student getting a total score of 9.

Show that Laura can expect to make a profit of E20. You must show all your working.

可翻译如下：

问题1：

劳拉正在为慈善事业筹款，她有一个用两套纸牌玩的游戏。

纸牌A：1，3，5，6，7

纸牌B：2，4，8，9

80名学生将参加比赛，每个学生从每一组卡片中随机抽取一张卡片，他们把这两个数字加起来得到总分，每个学生支付70便士玩这个游戏，劳拉支付3镑给任何一个获得9分的学生。

如果劳拉期望获得20镑善款，那么可能存在的情况是什么？你必须呈现完整的步骤。

Q6：

There are 30 students in Mr Lear's class. 16 of the students are boys. Two students on the class are chosen at random. Mr Lear draws this probability tree diagram for this Information.

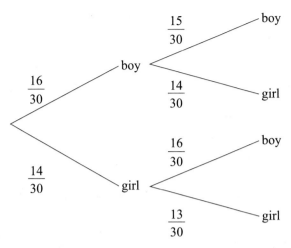

(a) Write down one thing that is wrong with the probabilites in the probablity tree diagram.

Owen and Wasim play for the school football team.

The probability that Owen will score a goal In the next match is 0.4, The probability that Wasim will score a goal In the next match is 0.25.

Mr Slater says, "The probability that both boys will score a goal in the next match 0.4+0.25".

(b) Is Mr Slater right?

Give a reason for your answer.

可翻译如下：

问题6：

有30个学生在利尔（Lear）先生的班级里，其中16位是男孩。两名学生在课堂上被随机抽取。根据这个信息，利尔先生绘制了如下的概率树。

（a）在上述概率树图中，有一处是错的，请写下来。

欧文和瓦西姆为学校足球运动队踢球。

欧文在下一场比赛中进球的概率是0.4，瓦西姆在下一场比赛中进球的概率是0.25。

斯莱特先生说，"这两个男孩在网络比赛中得分的概率是0.4+0.25"。

（b）斯莱特先生的说法正确吗？给出你的答案并说明理由。

在这节课中（60分钟，11年级），刘易斯老师先后解决了九个题目（包括例题）。不得不说，这节课的容量是比较大的。事实上，刘易斯老师采用的方法，并无特殊之处，主要就是学生自主学习和交流讨论相结合。在这个学习过程中，学生是比较投入的，自主性特别强。那么，学生学习的自主性为什么这么强？我想，这间数学课室墙壁上张贴的一张图可以解释这些问题。

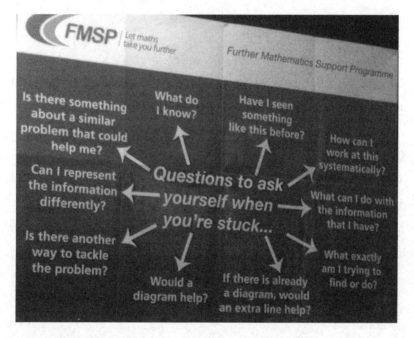

经查，这张图片的内容来自"Further Mathematics Support Programme"（直译为"深度数学支持课程"）。显然，刘易斯老师将这张图片张贴在课室的墙壁上，就是要培养学生的自主学习能力，让学生"学会学习"。这一点，显然比任何具体的知识都重要。我想，在这节课上，学生们所表现出的自主学习能力，必然和这张图片有莫大的关系。

附图片内容的翻译：

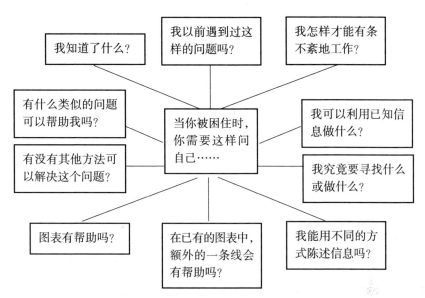

显然,这张图片给学生解决问题提供了有效的思路,这种思路不仅可以帮助学生解决数学难题,同样也能帮助学生更好地处理其他难题。往大的方面讲,这就是从学科教学生发出的学科文化,大大地提升了教学的层次,同时也拓展了教学的格局。

不得不说,这样的教学才具有真正的育人价值。

2018 年 4 月 18 日

你想不到的数学课

今天,在东青初级学校,我们有幸观摩了一节极其特别的数学课,这节五年级的数学课是由布拉德伯里小姐(Miss Bradbury)执教的。据介绍,这个班级属于"intervention group"(干预小组),是数学水平比较低的班级。

对于这样的学生,老师应如何提升教学效果呢?

布拉德伯里小姐让学生围站在桌子的一边,然后拿出了奇妙的教学工具——骰子。在她拿出之前,我是无论如何也想不到这种物品还可以作为教学工具的。

只见她开始掷骰子。从右手边的第一个学生开始,学生看到两个骰子显示的点数,快速答出它们的积。如果学生答对了,那么就能继续留下来参加下一轮游戏;如果学生答错了,那么就要退出游戏。

第一轮游戏结束后,布拉德伯里小姐把刻有点数的骰子换成了写有数字的骰子,而且出现了10、11、12等两位数。因为难度加大了,所以第二轮离开游戏的同学比较多。布拉德伯里小姐一遍又一遍地玩着这种游戏,教室里时不时爆发出学生的欢呼声和叹息声。有一位男同学,因为答错离开游戏的时候,还靠着墙抹眼泪。由此可见,这位男生对这种活动多么感兴趣,多么在乎自己的口算能力。

此外,在刚走进这间课室时,我就注意到了布拉德伯里小姐在课室墙壁上张贴的关于如何解决数学问题的思路图片。我想,这就是数学学科的学科思维吧。我觉得,这样的内容非常重要。

具体如下——

Read: Read the question carefully.

Underline: Underline the key words and numbers.

Calculation: Choose the correct operation(s) and mental or written method of calculation.

Solve: Solve it. Make sure you follow the steps.

Answer: Have you answered the question? What did I have to find out?

Check: Check the answer. Can I use the inverse to check my working?

可翻译如下——

阅读：仔细阅读问题。

画线：在关键词和数字下面画线。

计算方法：选择正确的运算，心算或笔算。

解决：解决它。一定要按照步骤去做。

回答：你回答问题了吗？我必须发现什么？

检查：检查答案。我是否能进行反向检验？

在玩游戏之前，布拉德伯里小姐组织学生解决了很多道题目，都是按照这个方法。显然，她在教学中特别注重学生学科思维方式的培养，这才是真正的学科教学追求。同时，还有一个细节值得一提。布拉德伯里小姐给每位学生分发的题目都是不一样的，而且都用一个精美的信封装着。在分发之前，她给学生说了一段话，大意是看看大家收到了什么礼物，她非常好奇；我想，学生可能比她更好奇。不得不说，这又是一个伟大的创新！当我们的练习变成礼物的时候，学生会多么热爱这门学科啊！

我看到，学生在拆信封时都小心翼翼的。其实，从麻烦的程度来看，老师准备信封麻烦，学生拆信封也麻烦。但是，从趣味性及心理需求的角度来看，这样的用心简直就是神来之笔。而我们，有多少人能做到这样用心呢？

这真是一节让我意想不到的数学课！

2018 年 4 月 30 日

你教学生写寻人启事吗？

今天，在东青初级学校，我们有幸听了一节由里德女士（Mrs Read）执教的四年级的英语课。这节课的内容非常特殊，因为她在教学生如何撰写寻人启事。

她给每位学生发了一份资料，这份资料介绍了关于一位男孩失踪的信息。她要求学生按照下列问题的提示，撰写一份寻人启事。具体问题如下——

Create a missing poster

What is his name?

Where is the last place he was seen?

Where does he live?

What are his hobbies?

What does he eat?

Does he have any relatives?

Any suspected issues or problems?

可翻译如下——

创作一份寻人启事

他叫什么名字？

他最后被看到的地方在哪里？

他住在哪儿？

他的爱好是什么？

他吃什么？

他有亲戚吗？

有什么可疑的问题吗?

然后,学生按照信息材料及问题提示,在一张 A4 大小的纸上认真地写起寻人启事来。一些学生写完寻人启事后,还把海报贴到了大白板上……

在观摩了很多英国课堂后,我对英国的教学素材取向有两点感受——

一方面,英国教学素材特别突出实用性。比如,以本节课为例,里德女士选择寻人启事这种素材来组织教学,特别突出教学的实用性,既可让学生了解如何撰写寻人启事,同时也可让学生关注如何防范走失,可谓一举两得。而不少课堂,则充满了虚幻,总爱讲一些公德、修养、奉献的空话,而对小朋友进校第一天如何上厕所、上课时万一有便意怎么办等实用素材置之不理,的确有些本末倒置。

另一方面,英国教学素材特别贴近生活。比如,今天在该校,我们还听了一节由皮尔逊女士(Mrs Pearson)执教的六年级地理课。在这节地理课上,皮尔逊女士主要介绍了格陵兰岛的气候情况,并以纸质版的形式把格陵兰岛一年四季真实的降雨量、温度变化等数据详细地呈现给学生。而在很多情况下,不少老师善于用"编"的方法来敷衍搪塞,常常把"小明"挂在嘴边,这其实违背了课堂教学的科学性原则。

事实上,课堂教学除了要传播知识和文化外,还要呈现出知识和文化的应用及应用方法。学生学习知识和文化,并不仅仅是为了了解知识和文化,而是为了让自己的现实生活达到更理想的状态。这就决定了教学素材必须实用和真实,否则课堂教学要么成了空中楼阁,要么就误导了学生,既让学生觉得课堂教学没意思,也让学生觉得努力学习没意义。如果我们的教学素材均源自生活实际,那么学生学完"千克"就知道一千克石头和一千克棉花是一样重的,就能了解"重"和"大"的区别。

总之,教学素材的选择,要从生活中来,再回到生活中去,要服务于学生的实际生活需求,要将课堂教学与实际生活紧密联系起来。这样的教学素材,既有趣,也有用。

2018 年 5 月 1 日

大家共同写一篇作文

今天，在东青初级学校，我们听了一节由穆尔小姐（Miss Moore）执教的三年级（七岁）的英语课。这节课让我对语言课程的教学方法有了更深刻的理解。

课程伊始，穆尔小姐呈现了一张有蓝天、白云、沙滩、石头的海边图片，和学生一起简单地说了照片的内容后，就给出了写作主题 "an amazing thing once happened to me"（可译作"曾经发生在我身上的一件神奇的事情"），并要求学生以图片为背景作文。

学生可以怎样写这篇作文呢？穆尔小姐让同学们先思考、书写几分钟。

在学生思考、书写几分钟后，穆尔小姐开始组织大家共同写这篇作文。于是，一个精彩纷呈的课堂出现了——同学们争先恐后地发言，大家共同选择写得好的内容，由穆尔小姐直接在文档里敲打出来。

最后，同学们共同写了这样一篇作文——

I was at the seaside with my friends enjoying the hot, buring sun. All around me waves as big as tall tree were crashing on to the beach. I could smell sizzing smoky burgers cooking in the distance. Feeling hot and bothered, I decided to go off and explore the cool slippery rock pools. Looking into the shimmery water, I could see something at the bottom. I bent down to get a closer look. Suddenly, I was falling down, down, down...

此段文字，可以翻译如下——

我和朋友们在海边享受着炙热的阳光。在我周围，像大树一样高大的海浪冲到海滩上。我能闻到远处烟雾缭绕的汉堡的味道。我觉得又热又烦，于是决定离开，去探索清凉的岩石池。望着闪闪发亮的水，我能看到底部的东西。我弯下腰，仔细看了看。突然，我不断往下跌落，往下，往下……

接下来，穆尔小姐告诉学生，可以在"distance"与"Feeling"之间再添加一些内容，使文章更加丰富一点。然后，她要求学生往下续写作文，或者根据自己的想法来写这篇文章，不用局限于前面所写的内容。

那么，为什么说这节课让我对语言课程的教学方法有了更深刻的理解呢？主要有三方面的原因——

首先，对我来说，师生现场共同写一篇作文的方法是全新的。

在我的学生时代，写作文的方式主要是，老师给出主题，每位学生根据这个主题各自写出一篇文章，从未有过师生现场共同写一篇作文的经历。在从教后，我也没有观摩过这种教学方法，甚至连听都没有听说过。

其次，师生现场共同写一篇作文的方法能够承担丰富的教学目标。

这种教学方法，至少有四方面的意义：一是切合七岁学生好奇心强、愿意展示、喜欢游戏的心理需求，能提升课堂的趣味性，巧妙地让学生积极、主动地参与到课堂中来；二是充分考虑七岁学生相对薄弱的写作能力，以共同作文的形式，大大降低了写作的难度，让学生觉得既有挑战，同时又能参与；三是将单词拼写、语法学习、遣词造句、语言表达、作文写作等诸多语言学习内容完美地整合在一起，而且是用实操性特别强的方式来学习，让学生在不知不觉中就逐步达成多项语言学习目标；四是具备超强的当场反馈、纠正、优化功能，每一位学生的发言，都可以让自己立刻收获自信和新知，让课堂教学变得有效。

当然，一节课即使非常精彩，也不能解决所有问题。但是，当绝大多数课程都具备这样的教学智慧时呢？

最后，我们能否设计出更具智慧的教学方法来？

今天，观摩了这节课之后，我更是坚定了"教学方法创新无止境"的想法。这是这节课给我带来的另一种体验。

2018 年 4 月 30 日

全班这样记单词

今天，在东青初级学校，我们有幸听了一节由里德女士执教的三年级的西班牙语课。对于如何记忆西班牙语单词，里德女士给我们带来了一个非常有趣的方法。

里德女士是这样做的——

在上节课，学生学习了十五个新的西班牙语单词，并用阿拉伯数字给每一个单词编好顺序。本节课伊始，里德女士用多媒体呈现出这十五个单词，并带领学生一起复习一遍。然后，她在学生使用的一块白板上用三条线画出六块空格（如图），让学生从1—15这十五个数字中，随便选择六个数字填入空格中，看谁选择的六个数字（与单词对应）最先全部被读到，谁就获得幸运奖。

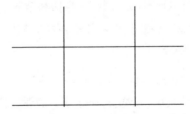

按照这种方法，里德女士做了两轮游戏。每当她大声读出某一个单词时，选中的学生就会发出响亮的欢呼声，选不中的学生就会发出失落的叹息声。这时，她会随机挑几位学生，读一读刚才说出的单词，强化学生对单词的记忆，同时也训练学生的听读能力。每一轮出现幸运者之后，里德女士都会请他站起来朗读一番自己选中的六个单词，其他学生都会认真倾听，或及时给出赞叹声，或及时纠正同学的发音。整个活动虽然只有几分钟的时间，但不得不说，这个活动牢牢地吸引了学生的注意力，让学生全身心地投入学习中来。

此外，我还遇到了一件有趣的事情——

在上课前，一位叫索菲娅（Sophia）的小女孩邀请我坐到她旁边。所以，我也在她的带领下完成了这个活动。因为没听懂意思，我先是把自己的六位数生日写上去，但是有两个"8"和两个"0"，她给我说了几遍要我改，我才听懂她的意思。在里德女士玩第一轮游戏的时候，索菲娅一会儿盯着自己选中的数字看，一会儿又帮着我看选中的数字。在她选中的时候，她会非常高兴；在我选中的时候，她也非常高兴。

在玩第二轮游戏的时候，我选择2、4、6、8、10、12六个数字，索菲娅也跟着选了这六个数字，可能觉得这样非常好玩。我问她可不可以改个数据以增大选中率，她说好。这一轮，我们都被选中了三个数字。在我准备填写第三组数据的时候，她无奈地告诉我，老师说游戏结束了。看来，我也被游戏吸引了！

我想，英国老师可以用这种方法来教英国学生学习西班牙语单词，我们同样可以用这种方法来教学生学习英语单词。对于我们来说，就是要研究这样有趣且实用的教学方法。那么，怎样才能做到呢？我以为，我们必须做到以下两点——

一方面，要想使教学方法有趣，就必须让活动任务有挑战性、结果有未知性、过程有游戏性。任务有挑战性，才能让学生集中精力把事情做好；结果有未知性，才能让学生对活动充满好奇；过程有游戏性，才能吸引学生热情参与到活动中。此三点，相辅相成，可相互促进，从而使教学方法最优化。

另一方面，要想使教学方法实用，就必须让教学内容融入活动中。也就是说，活动是为教学服务的，活动和教学不能是两张皮，脱离教学内容的活动，就算再好也对教学无意义。就像里德女士设计的这个巩固单词的教学方法，单词的听、读就是活动的环节之一，真正做到了将教学方法和活动完全融合起来。

2018年5月1日

创新从突破经典开始

今天上午，华威大学的郭志岩（华人）教授给我们带来了"中英教学比较"的课程。在提到创新的时候，郭教授这样说："冲出原有框架，做一点不同的，才能有创新性。"

美国商业偶像第一人李·艾柯卡（Lee Iacocca）曾说："不创新，就死亡。"创新的重要性已被人们充分认识到，培养创新精神也正式成为重要的教育目标。那么，到底该如何培养创新精神呢？

要解决这个问题，我觉得要从当下中国的教育现状出发，思考清楚现有哪些教育方法阻碍了学生创新精神的生长。解决了这个壁垒问题，也就在根本上保护了学生的创新精神，从而达到"以保促培"的目的。

按照郭教授的理解，创新必须"冲出原有框架，做一点不同的"才行。什么叫突破原有框架呢？我想，这里包含两点：一是目标不变，但是不按照原有路径走；二是目标变了，随之出现一些新的路径。比如，以交通为例，为了更加快捷，高铁在火车之后出现，这属于前者；过去的手机讲究通信质量，现在的手机讲究功能齐全，于是出现了智能手机，这属于后者。也就是说，我们在进行创新的时候，要么想一想有没有更优化的新路径达成目标，要么想一想有没有更高远更动人的目标。显然，前者会让我们拥有新方法，而后者会让我们拥有新产品。

事实上，不管是前者还是后者，都需要研究者"冲出原有框架，做一点不同的"事情。客观地讲，社会发展到今天，各种科技、制度、措施等都相对比较完善，给人们带来了极大便利。在这种情况下，再去"冲破原有框架，做一点不同的"，的确是非常难的。但是，难，并不代表不可能，要不然我们也不会在 QQ 的基础上又有了微信。

按理说，我们使用 QQ 已经非常方便了，但是目前来看 QQ 远没有微信方便。因此，我们的创新空间依然很大，正所谓创新无止境。如此，我们就必须看清一个事实：在没有微信之前，我们觉得 QQ 已经非常好了，甚至堪称经典，但是微信一出，QQ 立马被比下去了。从 QQ 到微信的创新，已经突破了原有的经典。

从这个角度来说，创新要从突破经典开始。

经典意味着什么？

经典意味着权威，意味着完美，意味着舒适。如此一来，创新就意味着突破权威，突破完美，突破舒适。突破权威意味着不要小看自己的想法，要对权威怀有理性的质疑；突破完美意味着没有标准答案，寻找更多可能性；突破舒适意味着深入思考并另辟蹊径，从其他角度思考问题。而这三点，与中国当下的多数教育现状存在严重的冲突。

比如，多数老师喜欢在学生面前做权威者，多数老师着急给学生一个标准答案，多数老师趋向于多讲多练……这些做法阻碍着学生创新精神的生长。以多数老师喜欢在学生面前做权威者为例，这些老师趋向于严格管理学生，不欢迎学生提出不同看法，喜欢那些平静、顺从的学生。在这种权威型老师的教育下，学生更容易变得畏手畏脚、缺乏自信，甚至会思维呆板。

由此可见，我们要培养学生的创新精神，首先要解决的问题是改变阻碍学生创新精神生长的错误方法，让学生的心灵变得更加自由开放，让学生享有质疑和表达的机会，让学生体验思考和探索的乐趣——老师不再是权威、标准和中心，教育以更适宜学生生长的方式进行，而不是以适合老师管理的方式开展。

创新从突破经典开始；培养创新精神，从突破老师的想法、思维、学识等开始。

2018 年 4 月 10 日

让教学更有吸引力

走进英国中小学课堂,我最大的感悟是老师一定要让教学更有吸引力,因为只有具备吸引力的教学才能在更大程度上激发学生参与到学习中。这几日,我一直在思考什么样的教学才更有吸引力,逐渐有了"柳暗花明又一村"的感觉。

那么,什么样的教学才更有吸引力呢?

一、有吸引力的教学应是有趣的教学

众所周知,我们都非常讨厌枯燥乏味的教学,喜欢妙趣横生的教学。基于此,我认为有吸引力的教学首先应是有趣的教学——有趣才能紧紧地吸引学生的眼球,才能牢牢地抓住学生的心灵,让学生在不知不觉中参与学习。

要想让教学有趣,可以通过以下三个方面的努力达成。

首先,要用具有游戏性质的活动组织教学。

比如,用掷骰子的方法帮助学生练习乘法的教学活动。显然,对于学生来说,掷骰子就是一种游戏。而老师却巧妙地用骰子显示的点数来帮助学生练习乘法,让学生在游戏中快快乐乐地完成学习。这真是一个伟大的创新。

对于教学尤其是低年级的教学,我们就应该秉承这样"无活动,不教学"的原则,让具有游戏性质的活动成为教学组织的常态。如果我们能让大多数课堂都达到这样的境界,那么学生怎么会讨厌学习呢?当然,我们可能欠缺足够的智慧来设计这样的活动,但是这并不能阻碍我们朝着这个方向努力。

其次,教学要具有挑战性。

依然以上述掷骰子练习乘法的教学为例。对于初学乘法的孩子，要在短时间内说出两个数的乘积，是有比较大的难度的。无疑，这样的教学是有挑战性的。而我们都有这样的体验，在学习骑自行车时，在不会和刚学会那段时间，我们是最有劲头骑自行车的；在最初推来推去的时候，我们是非常容易厌烦和焦虑的，因为太难了；在彻底学会后，我们都懒得再去骑自行车了，因为没什么意思了。基于此，有适度挑战性的教学是能够让学生产生兴趣的。

其实，我们还可以通过小组竞争等形式来增强教学的挑战性，这种同时具备量和质的要求的竞争，确实能够让学生更热情地投入学习中。

最后，教学要提升参与率。

在上述掷骰子练习乘法的教学中，所有学生都参与到教学中了，参与率达到百分之百。事实上，在我所走进的英国中小学课堂中，学生的参与率都非常高。当然，这些课堂的学生人数都比较少，老师容易提升教学的参与率。但是，人数少并不是提升教学参与率的核心因素。可以试想一下，一般情况下，我们需要多长时间才能提问完所有学生？如果我们两节课、三节课甚至一周的课，都做不到这些的话，那么学生人数还是最核心的因素吗？

每一位学生都是学习的主角，如果因为我们对提升教学参与率的忽视，而造成了部分学生把自己当成学习的看客的话，那么我们的教学无疑是非常失败的。我们的确有必要让学生认识到，老师需要任何一位学生在任何时刻参与到学习中来。有时，我在想，我们总是抱怨学生站起来也不能好好回答问题，但是不是因为学生站起来的次数太少了呢？这值得我们思考。

二、有吸引力的教学应是有料的教学

中国是非常讲究吃的国家。来到英国后，我们有时会开玩笑说，太同情这些英国人了，因为他们都没有吃过什么好吃的食物。实际上，牛肉还是那种牛肉，土豆还是那种土豆，但是采用中国烹饪方法做出的土豆炖牛肉，就是比英国的牛肉片和土豆条好吃多了。为什么呢？因为土豆炖牛肉"有料"——葱、姜、蒜、花椒、胡椒、辣椒、酱油等，丰富多彩！这些料让土豆炖牛肉有了不一样的味道，变得更吸引人了。

其实，教学也是这样的。不管是我上化学课，还是其他老师上化学课，其实知识点都是一样的，这些知识点就相当于牛肉和土豆，但是，我们对葱、姜、蒜、花椒、胡椒、辣椒、酱油等各方面的拿捏肯定是不一样的，这就让教学出现了不同的味道。然而，必定有一种味道，是特别受学生欢迎的。

要想让教学有料，可以通过以下三个方面的努力达成。

首先，教学要聚焦典型。

典型是什么？典型就是最能让人关注的，这是指"新颖程度"；典型就是最需要人关注的，这是指"重要程度"。比如，在用掷骰子的方法练习乘法时，每一次显示的点数可能都是不一样的，这就满足了"新颖程度"的要求；再多位数的乘法，都是以十以内的乘法为基础的，每个学生都需要把十以内的乘法练习到滚瓜烂熟，这就满足了"重要程度"的要求。

也就是说，在进行教学时，老师要吃透核心知识点，让重点更加突出，以免学生感到云山雾罩的；同时，在选择教学素材或教学形式时，要尽可能更加新颖些，以免学生产生视觉、心理或审美疲劳。这里的典型，就相当于是做牛肉炖土豆这道菜所需要的牛肉和土豆两种原料，必须用牛肉和土豆，而且必须是新鲜的牛肉和土豆。

其次，教学要体现学科思维。

什么是学科思维？顾名思义，就是研究本学科所需要遵循的特色思维。比如，研究化学，常用的学科思维有平衡思维、对照思维、量变引起质变思维等。这些思维，也可能应用在其他学科，但是在化学学科的学习中尤为重要。

若以烹饪为例，这个学科思维，就相当于做某道菜所需要的特殊材料。比如，做糖醋排骨，除了要加盐之外，还要加糖和醋，这里的"盐"就相当于普遍的思维，而"糖"和"醋"就相当于学科思维。做菜，除了要有新鲜的原材料之外，还要准备好一些特殊的调料，这样才能做好一道菜。

教学亦是如此。比如，在《你想不到的数学课》这篇文章中，我就提到了布拉德伯里小姐在课室墙壁上张贴的关于如何解决数学问题的思路图片。这张图片所呈现的内容，就是有关数学学科思维的。可以说，学科思维是学习本学科的"魂"——魂丢了，肯定是学不好这门学科的。这正是我们要在日常教学中体现学科思维的原因。

最后，教学要有育人价值。

一道好菜，当然不仅为了满足人的口感，也不仅为了让人填饱肚子，而是要在满足口感、填饱肚子的基础上让人吃得健康、有营养。这是这道菜的终极价值。同样的，教学也要有终极价值，这就是"育人"。缺失了这条，教学就成了快餐。

比如，合作学习，要让学生体会到合作的重要性；小组比赛，要让学生认识到竞争的公平性；学习"原电池"，要让学生知道回收废旧电池是多么有必要……这就是教学的育人价值。

三、有吸引力的教学应是有用的教学

所谓有用，就是要让学生有收获。学生没有收获的课，当然是没有吸引力的，当然不能让学生长久地喜欢。需要说明的是，收获可以是多方面的，可以是一个知识，也可以是一种思想，抑或是一种快乐的体验等。一节课结束后，我们要让学生有一种收获满满的感觉。

要想让教学有用，可以通过以下三个方面的努力达成。

首先，教学要巩固知识。

这里的知识，是广义的知识，可以是知识点，也可以是方法或思想。

比如，同样是在布拉德伯里小姐的课堂上，她的练习不仅让学生明白了如何解决数学应用题，而且强化了学生对解决数学应用思路的理解；她的掷骰子的游戏，帮助学生熟练掌握乘法运算。这些都可以起到巩固知识的作用。

其次，教学要让学生获得自信。

自信对于一个人工作、生活的重要性是不言而喻的，点燃学生的自信是每一位老师永远都要努力做的工作。相反的，任何打击学生自信心的言行都是值得反思的。一门学科的教学，如果能让学生越来越有学好这门学科的渴望，那么这门学科的教学就让学生获得了充分的自信，当然也是值得我们追求的。

比如，及时对学生的鼓励、让学生适时展示、降低试题难度让初学者获得更高分数等方法，都可以让学生获得学习本学科的自信。这种自信，可以给予学生积极的暗示，增加学生学习本学科的热情，锻炼学生学习本学科的毅力。

最后，教学要让学生体验快乐。

让学生体验快乐放在最后一点，是想突出这一点的重要性。很多学生喜欢上音乐课，这是为什么呢？当然不是因为音乐课一般没有作业，而是因为学生可以在音乐课上唱歌。我们成人都喜欢有事没事地哼几句，因为哼几句之后我们就能感到心情特别愉悦。这就是快乐。显然，让学生每次上课都能获得快乐体验的教学，当然是有用的，学生不仅不会厌学，而且还会学得特别用心。

比如，在我所观摩的英国中小学课堂中，我觉得还有一个特别不同于中国中小学课堂的特征，那就是学生可以"动"。在中国，从小学到中学，学生一般都是老老实实坐在座位上。但是，在英国的中小学课堂上，学生可以坐在板凳上，也可以坐在地毯上；学生一会儿是坐着的，一会儿可能就要跑起来；学生刚才还在听讲，马上可能就要表演了……这种"动"的机会多，气氛当然是更加轻松愉悦的，学生当然能体会到更多快乐。

事实上，让教学更有吸引力，不仅为了吸引学生，还为了吸引老师。没有吸引力的教学，学生不会喜欢，而老师也仿佛在浪费生命。我们可以想一想，如今的我们，有多少次是兴高采烈地走进课室的？如果我们不那么向往，这是不是也说明教学对于我们来说也是没有吸引力的，而这正悄悄地掠夺我们的许多快乐。从这个角度来说，让教学更有吸引力，确实需要老师尽心尽力，但这同样也可以给予老师最实在的回报。

2018 年 5 月 13 日

那些从未想过的教学方法

今天，我们在林格霍尔学校和体育学院听了一节特别新颖的物理课，让我们对教学方法的创新有了更深刻的认识。

这节物理课的主题叫"demonstrating the wave phenomena"（波现象演示）。我记得，在有关"波"的印象中，学生只能看看类似于数学中正弦曲线或余弦曲线的图片。同时，我也觉得，"波"是特别抽象的东西，实在不好演示出来，从来没有想过可以通过实验的方式来演示波现象。但是，就在今天的物理课中，我们确实开了眼界。

课堂上安格尔（Anghel）老师给学生准备了许多如麻将大小的糖果、等长削尖木质棍棒、两把直尺及约五厘米宽的长胶带。安格尔老师先让学生将棍棒的两端都插上糖果，注意插糖果时要对称，接着将胶带纸展开摆放在近四米长的课桌上，注意胶带纸要平整；然后让学生每隔五厘米均匀放置一根两端均插上糖果的棍棒，并要求棍棒的两端也要对称；在学生放好棍棒后，安格尔老师拿起一端的胶带，让另一位学生拿起另一端的胶带，只见安格尔老师一抖动，那种忽高忽低、依次进行的波现象就立刻出现了！

那一刹那，我被震撼到了——这是多么新颖别致的教学方法啊！

让我感到惊喜的教学方法还有很多很多，这里再记录两个。

我是化学老师，在教有机物这部分内容时，对于典型有机物的成键特点及空间构型，我主要采用搭建球棍模型、展示比例模型、播放结构动画等方式，这些素材都是实验室提供的，或者从网上下载、同事分享的。参观时，我发现这所学校的墙壁上粘贴着学生用不同颜色和宽窄的纸条制作的常见有机物结构模型。显然，这一亲手制作的过程，要比简单的搭建、观看让学生更好地理解有机物的结构特点。对于这种方法，我是从来没有想过的，也没有见过哪位同行在教学中使用过。

在另一间教室里，我看到了用纸片剪成的各种类型的人体器官，比如肝、肺、胃、肠等。据普里斯特（Priest）老师介绍，学生做完这些人体器官后就可以把这些器官"穿"在身上的相应位置，这样学生不仅了解了这些人体器官的形状，还了解了这些人体器官在人体的位置，当然还会加深对这些人体器官的生理功能的认识。一位同行朋友说，我现在都不太清楚一些器官在身体上的准确位置。不得不说，这是一种特别形象的教学方法。

……

相比之下，我们常见的课堂，往往都是直来直去、简简单单的，或者说都是囫囵吞枣般粗野加工的，缺乏一些新颖别致的呈现方法。而在英国课堂上，教学方法可谓五花八门、层出不穷。比如，用抽签的方式点名，用玩具抢答器来抢着回答问题，不得不说，这样的课堂真是有趣！

当然，这些英国老师并不是为了新颖而新颖，他们的教学方法非常切合教学实际需求，特别符合学生心理特征。学科和学生仍然是这些老师备课的基准，他们的方法虽然五花八门、层出不穷，但并不游离于学科和学生的需要，或者说并没有"喧宾夺主"，也不是"花里胡哨"的。

从这个角度来说，这些英国老师当然是用心备课甚至是精心备课。相比之下，我们的备课还是显得特别粗糙。或许，我们需要重新审视一直采用的教学方法，并构思新的教学方法，即便我们已经把那些课上了十次甚至百次。

2018 年 4 月 19 日

是鼓励还是恐吓？

在中国做教师久了，我们或许都有这样的经历——

当学习某一核心知识点，特别是那些在考试中反复出现且占有较大比例的知识点时，我们一般都会严肃地告诉学生这一知识点的重要性，同时会郑重其事地警告学生，一旦不能掌握这一知识点将会面临怎样惨烈的后果……

当要求学生做某一重要事务，特别是那些对学生的发展、班级的荣耀、学校的光环、家长的颜面会造成影响的事务时，我们也会郑重其事地告诉学生这件事情有多么重要，同时反复告诫学生一定要做好，否则就会面临多么严重的后果……

我们为什么会这样做呢？

显而易见，我们想引起学生的高度注意，给予学生一定的压力，从而让学生在态度上端正，以免学生因为态度不够端正而不能把事情做到原本可以做到的最佳程度。不得不说，我们这样做，也是希望学生把每一件事情都做好，也算用心良苦。

然而，当深入思考时，我们就能发现其中的问题。

研究表明，人的做事效果与人所承受的压力呈倒 U 型关系——适度压力可以提高人的做事效果；但压力过大，人就会变得畏手畏脚，做事效果反而会急剧下降。

为了让此次赴英海培顺利进行，深圳城市学院为我们组织了为期半个月的集中培训。培训的效果是什么呢？其中一位同学说："只要能活着回来，我就满意了！"这位同学的想法，具有广泛的代表性——很多同学都感到疲惫、恐慌，甚至产生了退出的念头。毫不夸张地说，为期半个月的集中培训，给大家的赴英海培之旅蒙上了一层厚厚的阴影。

事实上，当来到英国后，我们发现面临的情况并没有那么糟糕。

比如，我们的住家相对来说都比较友善。住家所提供的住宿条件非常好，几乎所有同学都说住家特别干净。我们的一些基本要求，住家都能满足。

比如，我们虽然还不知道周围的治安到底怎么样，但目前所到之处皆井然有序。第一天我迷路时，有人主动问我是否迷路，并给我指路；这几天当我要过马路时，总有一些车主主动停下来，示意我过去。

让我印象特别深刻的是，华威大学的凯茜（Cathy）老师，在给我们提升英语水平时，几乎把"good"当成了口头禅。当凯茜老师问我的英语水平怎么样时，我刚照实回答完"I'm not good at English"，她就立刻表扬我说"very good"，因为她刚问完我问题，我就流利地回答了一个完整的句子。

凯茜老师告诉我们一些听说的技巧，比如听关键词、注意说话的语气、观察说话人的表情、记住一些常用的交流用语等，然后让我们轮流模拟对话。每一位同学说完后，她都会认真倾听、认真点评、认真鼓励，引导我们大胆地说。

一上午的课上下来，我们都热情高涨，甚至下课后还会模仿凯茜老师的语气说英语，特别是那"oh!really?"我们几乎都可以特别传神地把它说出来。客观地说，在这节英语水平提升课上，我们感受到了学习的快乐，同时还大幅度提升了英语口语水平。不得不说，这样好的教学效果，与凯茜老师对我们的热情鼓励是分不开的，我们丝毫感觉不到除了学习本身之外的任何压力。

那么，新的问题又出来了——给压力的教学，更关注的是什么？避免给压力的教学，更关注的是什么？

显然，给压力的教学，是担心学生掌握不了知识点，最终的关注点是知识点的掌握，即更关注学习结果；避免给压力的教学，是为学生创造轻松愉悦的学习过程，引导学生以最舒适的心理状态回归到知识点的学习中，即更关注学习过程。

此时，我们需要进一步思考：教师应该更关注教学过程，还是更关注教学结果呢？

事实上，从建构主义的观点来看，学生对知识的掌握，需要一个主动建构的过程。这个主动建构的过程，才是真正的学习过程。作为教师，我们需要引导学生顺利进入主动建构知识的过程。显然，当我们成功引导学生顺利进入主动建构知识的过程时，真正意义上的学习才能发生；而真正意义上的学习发生了，良好学习效果的出现才会水到渠成。

从这个角度来说，教师更应该关注教学过程，并把对教学过程的优化作为重中之重。当教师更关注教学过程的时候，就会通过鼓励来引导学生以舒适的状态深度参与学习，而不会把关注点从优化教学过程转移到刻意追求教学结果上来。

从人性的自然需求来看，不管是成人学生，还是低龄学生，都需要正面鼓励，使之投入具有挑战性的学习中，享受有趣的学习过程，感受知识和能力的增长。其实，谁愿意带着压力、自卑、恐惧的心理来学习呢？当这样想的时候，我们就会不遗余力地鼓励学生，不会轻易去吓唬学生了。

2018 年 3 月 21 日

是放回去还是拿出来？

今天，华威大学的贾森（Jason）老师组织我们进行小组合作学习，并准备了一些写有我们名字的小木片以备提问用。在上周访校时，我们也遇到一位采用类似方法的老师。

然而，两者不同的是，贾森老师在提问被抽到的学生后，还会将小木片放回容器中；而在访校的时候，那位老师在被抽到的学生作答完毕后，会将小木片拿出来放在旁边，而且同时还采用抽奖器、随机点名等方式让学生作答。

我以为，后者的做法更加合理，原因有三：一是百分百可确保所有学生都有作答的机会；二是方式多样，有效避免了单一方式带来的弊端；三是尊重学生的差异，在保证基本公平的基础上，给予有需求的学生更多发言机会。而贾森老师的做法比较单一。当然，贾森老师既然这样做，必然有这样做的理由。

在课间休息的时候，我趁机问贾森老师为什么要把小木片再次放进容器里。贾森老师是这样回答的：如果把已抽到的小木片拿出来，那么这部分学生可能就会很松懈，因为他们可能考虑已经完成了任务；如果把抽到的小木片再放回去，那么所有学生都会密切地关注学习内容并为之付出努力，因为每一位同学都有再次被抽到的可能。如果仅从一节课的情况来看，可能出现"有些学生可能一次也没有被抽到，有些学生可能被抽到多次"的现象，但是，如果从长期来看，所有学生被抽到的概率是基本相等的。

对于贾森老师的解释，我觉得很有道理。紧接着，贾森老师问我怎么看待这个问题，我是这样说的：到底采用哪种方法，取决于你考虑的依据——如果你考虑让所有学生保持紧张有效的学习状态，那么可以将被抽到的小木片再次放回容器中；如果你考虑让更大比例的学生有发言的机会，那么可以将被抽到的小木片从容器中拿出来。对于我的解释，贾森老师也表示赞同，并说下节课可以尝试将小木片从容器中拿出来的方法。

事实上，在课堂上，不管是让学生发言的方法，还是其他能够促进学习的方法，我们在使用时，都需要考虑三个问题：趣味性、有效性和公平性。

从趣味性的角度来讲，不管是使用小木片，还是使用抽奖器，都比直接点名回答的方法更加有趣。因此，不管是小学，还是初中、高中或大学，我都建议老师能够使用小木片或抽奖器这样的点名方式，这确实可以让课堂更有趣。

从有效性的角度来讲，使用小木片或抽奖器的方法，在年龄偏小的学生群体中可能会更管用，年龄大的学生可能会觉得这种方法"有点幼稚"。但是，我们这些年龄在三十岁以上的老师，在贾森老师抽签的时候仍会稍感紧张，这足以证明这种方法对年龄大的学生还是有效的，只不过我们需要将此做成常态。

从公平性的角度来讲，我们需要给予每一位学生平等的发言机会，这就要求我们尽量避免让一位学生多次发言（特殊情况除外），以便提高发言学生的比例，这是基本的公平。但是，这并不是说明少数学生就不能有更多的发言机会，因为不同的学生毕竟有差异，有不同的心理需求。我们有必要给予那些有发言需求的学生更多的发言机会，这也是一种公平。因此，我们要避免方法的单一，用丰富的方法来弥补单一方法的缺陷，从而创造属于不同层次的公平。

综上所述，优质的课堂教学除了需要优秀的教学设计之外，还需要一些鲜活的技巧点缀。这些鲜活的技巧，好像葡萄干面包中的葡萄干，又像糖醋排骨中的糖或醋，还像漂亮女子的耳环、口红或睫毛，一旦缺少了，就会让整个课堂黯然失色，甚至使全部教学索然无味。这些外在的形式，成了优质课堂不可分割的一部分，值得你我反复推敲。

2018 年 4 月 26 日

翻转学习的利和弊

今天，华威大学的佩恩老师给我们带来了一节名为"Flipped Learning"（翻转学习）的课。在这节课上，我们深入讨论了翻转学习的使用方法及其利弊。

对于翻转学习的主要优点，佩恩老师是这样看待的。

Students can stop the video and rewind; students can repeat the video; students do not feel embarrassed in the class.（学生可以随时停止和回放视频；学生可以重复观看视频；学生在课堂上不会感到尴尬。）

对于佩恩老师所说的优点，我是完全赞同的。比如，在课堂上，我们经常会问"大家都听懂了吗"这个问题。事实上，在呈现这个问题的时候，我们已经意识到可能有学生没有听懂。不过，在这种关键时刻，那些没有听懂的学生，一般是不会明确表示自己没有听懂，因为他们在心底有顾虑——怕自己当众出丑。如果学生在家观看此类视频，就不会存在这种心理负担，而且想看多少次就可以看多少次，想在哪里停止就可以在哪里停止，想重复看哪里就可以重复看哪里，多么自由啊！

然而，我觉得，在探讨翻转学习利弊的时候，我们必须清楚翻转学习的定义。

按照常规的定义，翻转学习是让学生先学，老师在课堂上通过提问了解学生在学习中遇到的问题之后再讲授的一种学习方式。依据翻转学习的定义，在翻转学习中，学生在家完成知识的初步学习，而课堂变成了师生和生生互动的场所，包括答疑解惑、知识运用、交流讨论等，将传统的"在校学习，回家巩固"变成"在家学习，回校提升"。

那么，新的问题就出现了：翻转学习会取代传统学习吗？

显然，由翻转学习的概念来看，学生的学习最终还是要回到课堂上来。从这个角度来看，翻转学习不仅不会取代传统学习，而且还会提升传统学习的效果。

那么，新的问题又出现了：翻转学习是传统学习的辅助吗？

如果我们依然将传统学习定义为主要学习方式，那么翻转学习就是传统学习的辅助。如果我们把传统学习看成是次要学习方式或者与翻转学习平行的学习方式，那么翻转学习就不是传统学习的辅助。

那么，新的问题再次出现，我们依据什么来判断传统学习是不是主要学习方式呢？

对于大学生而言，他们有较强的自主学习能力，而且拥有优越的自主学习的外部条件，有时间，有场所，有设备，有资源。他们完全可以将翻转学习作为主要学习方式。对于他们来说，传统学习的作用就是"回校提升"。这样的学习模式，对大学生而言，更加自由，更有针对性，同时让高校老师有更多时间和精力去研究教学内容。

那么，高中生可以这样吗？初中生可以这样吗？小学生可以这样吗？

客观地讲，学生的年龄越小，越不具备进行翻转学习的条件，尤其是自主学习能力这方面。我们实在不能保证大多数孩子都能在家获得期望的学习效果。一旦达不到这个期望，那么学生之间的差异性将会更加明显，从而让课堂教学的针对性更加薄弱，最终导致课堂教学的效果大打折扣。

更重要的是，年龄越小的学生，越需要从学校获得更多有意义的成长营养，既包括知识，也包括能力、友谊和平台。对于这一点，多以视频为素材的翻转学习，形式非常单一，缺乏必要的互动，让学习变得更加无趣和冰冷。这些，均不利于年龄偏小的学生的成长。

基于此，我认为，对于年龄较大的学生，我们可以大力开展翻转学习；但对于年龄偏小的学生来说，我们最好将翻转学习作为传统学习的补充、强化。当然，翻转学习还是比较新的事物，上述观点仅代表一家一时之言。或许，在未来的某一天，因方法的改进、创新和完善，翻转学习或许会成为更方便、更广泛、更有趣、更重要的学习方式。

2018 年 5 月 3 日

先理解，再解决

今天，华威大学的萨尔老师给我们带来了一节名为"Exploratory Practice"（探索研究）的课。在这节课中，萨尔老师以他开展的探索研究案例为例，详尽地展示了探索研究的过程和方法。

萨尔老师开展的探索研究名为"Living in UK"（生活在英国），主要研究对象为到英国留学的预科班学生。这些预科班学生到底会遇到哪些生活和学习方面的问题？这项研究可以为预科班的外国留学生提供怎样的指导？这项研究又能为英国相关教育机构改进工作提供怎样的依据？在研究起始阶段，萨尔老师对这些问题感到一头雾水。

经过一周的思考，萨尔老师有了基本的思路。

萨尔老师说：在我们对某一问题进行探索研究的时候，首先要做的，并不是去找出一个解决问题的方案，而是要尝试着理解这个问题；当我们都不清楚这个问题到底是什么的时候，我们几乎是不可能合理解决这个问题的。

萨尔老师以他的这项探索研究为例，说当初他在组织研究团队开会的时候，首先就让大家好好想一想为什么要研究这个问题。认识清楚这个问题后，才可能开展真正的研究。

在理解清楚这个问题后，萨尔老师和他的研究团队（成员主要是萨尔老师带的硕士生）召开了进一步的研讨会。在会上，萨尔老师把问题抛给了学生：你们初来英国时遇到了哪些问题？现在的预科学生可能遇到哪些问题？

学生们七嘴八舌地说了很多问题，其中有不少共性的问题，也有不少个性的问题。不管是什么样的问题，萨尔老师都说这些问题既然是学生实际遇到的，那么都是有价值的。既然问题是有价值的，那么就是值得探索的。此外，我们要想了解现在的预科学生到底遇到了哪些问题，就需要去问他们，要提前做大量的调查。

在收集一系列源自实际的问题后，如何去探索这些问题呢？

萨尔老师告诉学生，在哪里发现的问题，就在哪里解决。比如，有学生提出在英国办事，为什么都需要进行预约的问题。萨尔老师对提出这个问题的学生说："你在哪里办事需要预约，你就到哪里去问。"这位学生这么做了，别人给出了答案：预约是为了让办事更有计划性，避免浪费双方的时间和精力，这样才能有效率、有规律地工作和生活。

萨尔老师还举了自己的一个例子。在当初刚刚教授中国学生时，他发现有一个男生即便知道了答案，也不会主动回答问题。在后来上课的时候，萨尔老师就问这位中国学生为什么不主动回答问题。这位中国学生是这样解释的：第一次的时候，他不确定自己的答案是否合理，所以没有回答；第二次的时候，他确定自己的答案是合理的，但是想观察一下有没有同学要回答这个问题，他想把这个回答问题的机会留给其他同学。萨尔老师说，当得知这位中国学生的想法后，他就不再感到奇怪了，同时会感觉舒服很多。

经过许多这样的调查、访谈等收集信息的工作后，学生们就可以据此来撰写一份研究报告了。萨尔老师说，他的这项研究，就是这么完成的。这项研究最关键的考虑就是对问题的确定，这些问题都是源自学生的，都是切切实实存在的；研究人员没有做任何多余的、无效的工作。

……

对于萨尔老师的观点，我是非常赞同的。为了确保自己能够充分理解探索研究的精髓，在课程结束后，我又缠着萨尔老师问了一个问题：探索研究最显著的特征是什么？

萨尔老师是这样回答的：The greatest advantage of Exploratory Practice is that it does not create extra work for the teachers and the students; but also, Exploratory Practice allows to "understand" before looking for problems.（探索研究的最大优势在于，它不会为教师和学生增添任何额外的工作；但同时，探索研究更趋向于在寻找问题之前对事物进行充分"理解"。）

事实上，根据萨尔老师的说法，探索研究的精髓就是其研究的问题都是经过充分理解后的"真问题"，而不是因为不能正确理解而提出的"假问题"；正是因为所研究的问题都是"真问题",所以避免了很多"假问题"的干扰,从而让探索研究更加简洁、高效。

正因如此,萨尔老师告诫我们,在我们开展探索研究时,一定要做到——

It is best to try to understand why things happen in a classroom, and then understand if change is really necessary.(最好是试着去理解这些事情为什么会发生在教室里,然后理解改变是否真的是必要的。)

可见,萨尔老师是怕我们被假问题缠身,做了很多额外的无意义甚至是有害的工作,真可谓醍醐灌顶。

不得不说,我在做研究的时候,有时就会存在这样的问题。比如,对学情的分析,还是停留在用原有的经验进行判断的阶段,以致做了大量无用功,甚至还耽误了很多教育工作的开展。比如,同班学生之间存在矛盾有时让我非常恼火,但实际上一家人都可能存在矛盾,这是多么正常的事情,我为什么要把它作为非常严重的问题来看待呢?比如,在很多情况下,不少老师开口闭口说的都是"怎么办",而很少有人说"为什么"。

"先理解,再解决"的思路果然是开展探索研究的大智慧!

2018 年 5 月 4 日

如何开展问题教学？

今天上午，华威大学的佩恩老师给我们带来了一节关于"如何开展问题教学（Problem-Based Learning）"的课程，让我对问题教学有了更深入的了解，同时也习得了开展问题教学更好的方法。

据佩恩老师介绍，问题教学最初源自医学，但是现在已经普遍被应用于课堂教学领域。那么，问题教学为什么这么受欢迎？佩恩老师说，这是因为问题教学有以下作用：Using real-lifes problem to help students to study（利用现实生活中的问题来帮助学生学习）；content knowledge（令人满意的知识学习效果）；problem-solving（解决了问题）；critical Thinking（锻炼学生的批判性思维）；self-direction（提升学生的学习自主性）；improving students' sense of responsibility（强化学生的责任意识）；等等。

那么，如何开展问题教学呢？

佩恩老师主要给我们介绍了以下四步——

第一步：Instructor divides learners into groups（教师把学习者分成小组）；

第二步：Instructor gives learners real problems（教师给学习者真正的问题）；

第三步：Instructor guides the learners（教师指导学生）；

第四步：Groups presents a solution（小组展示解决方案）。

介绍完这些后，佩恩老师现场给我们开展了一次问题教学活动，主要过程如下——

第一步，佩恩老师把我们十五个人分成两组（按照我的理解，分成四个小组是比较合适的，因为四人小组更能让小组学习落实、深入）。

第二步，佩恩老师给我们每人准备了一个信封，让我们在信封的正面画一个标志（不要写上姓名），在信封的反面写一个自己非常关注的教育问题。

第三步，佩恩老师收集所有信封并互换两个小组的信封，让各个小组回答不同小组的问题。要求我们将自己的答案写在便利贴上，并装进信封（我想，如果我们能分成四个小组的话，那么这个活动将会做得更高效）。

第四步，佩恩老师要求每个小组的成员轮流回答不同的问题（这一步，我觉得非常不错，可以让每一个问题都得到比较全面的思考和回答）。

第五步，佩恩老师将信封返还给主人，要求同学阅读收到的答案。

这一步结束后，佩恩老师并未让我们继续讨论。我想，如果时间允许的话，我们可以再增加一个环节：让学生和给予自己有价值答案的学生继续交流，争取碰撞出更多的智慧火花。

在参与这个活动时，我一直在想，开展问题教学的关键是什么？

当我拿到同学们给我写的答案后，我立刻明白了这个问题。

我写的问题是：

在课堂上，你是否感到快乐？请举一个例子。

大家看到这个问题后，有没有发现什么不妥的地方？我之所以写下这个问题，就是想问同学们能否感受到课堂教学的乐趣，同时想请同学们以事例的方式呈现出来。当时写下这个问题时，我觉得我已经把问题说得非常清楚了。然而，我还是忽略了一个重要细节。

我忽略了大家的身份。在国内，我们是老师，但在英国，我们现在是学生。我的问题，到底是指向老师身份还是指向学生身份？身份不一样，答案自然不一样。有八位同学回答了我的问题，但只有一位同学是以老师身份来回答的，其余七位同学都是以学生身份来回答的。

这说明了什么？

在开展问题教学时，问题是串联整个课堂的线索，如果这个问题含糊不清、指向不明、过于宏大、无关主题或缺乏价值，那问题教学的价值将大大降低。从这个角度来说，提出一个好问题是开展问题教学的关键。什么样的问题才是好问题呢？或者说，好问题要具备什么样的特征呢？

我想，一个好问题，必然是表述清晰、指向明确、细致具体、关乎核心、深入内里的。因此，如果问题源自老师，那么这个问题要尽可能具备以上特征；如果问题源自学生，那么我们要提前组织学生学习如何提问，给学生一个提问的方向，让学生尽可能知道高质量的问题要具备哪些基本特征。

我提的这个问题果然是"好问题"！

在课程的最后，佩恩老师让我们思考一个起点问题：相对于讲授，问题教学为什么会更有效？我们进行了思考，而佩恩老师也分享了自己的想法——

It presented a challenge and encouraged you to dig deeply into the content of your own choosing to find the answer（它提出了一个挑战，鼓励你深入挖掘自己选择的内容，并找到答案）。

When you are thinking about creating instruction, consider how you can take course material and convert it from a lecture to a problem that learners are anxious to solve（当你在思考如何创建指令时，将会考虑如何把课程材料转换成学习者渴望解决的问题）。

While it may seem daunting to give up a lecture and ask students to solve problems, the results are more motivated learners who learn both content and problem solving（虽然放弃一场讲座并要求学生解决问题似乎让人望而生畏，但结果却是让学习者更有动力，因为他们既能学习内容，又能解决问题）。

法国思想家帕斯卡尔说："人是一根会思考的芦苇。"而问题教学，正是引导学生不断深入思考的教学。显然，这样的教学才能发挥人类的特性，让人类通过思考而变得更有力量。从这个角度来说，问题教学不仅让课堂教学更有意义，而且指向了学生的可持续成长。

2018 年 5 月 11 日

四种有效的热身游戏

今天，华威大学的戴维老师给我们带来了一节有关"examples of warmer activities"（热身活动的例子）的课程。其中，戴维老师分别介绍了"running dictation"（跑步听写）、"grass skirt"（草裙）、"backs to the boards"（背对黑板）、"view dictation"（观点听写）。

1. 如何开展"跑步听写"活动？

首先，老师要准备好听写的内容，可以是单词、句子或短文，也可以是数学公式、化学方程式等，并将内容张贴在教室的某个位置，一般可以两个小组共用一份；其次，对学生进行分组，一般可分为两人小组或三人小组，并安排好小组的位置，使各个小组距离张贴内容的位置大致相等；再次，各小组按照组员的特长，分为听写人员和阅读人员，其中阅读人员一般是一人，听写人员可以是一人，也可以是多人，小组可按照自己的想法自由分工；最后，老师设定好活动时间，看各个小组在既定时间内完成听写的情况，包括数量、正确率等。

我想，这个活动，可以安排一次或两次，次数太多，学生可能比较疲惫。显然，这个活动可以有效训练学生的听、说、读、写等方面的能力，同时也可以巩固学生所学知识，是一个有趣、有用的暖身活动。

2. 如何开展"草裙"活动？

首先，老师在教授完某一知识点或引入某一话题后，就可以让学生据此提出一些问题，并把每一个问题都写在小纸条上；其次，学生写完问题后，老师要求学生将问题粘贴在黑板上，因为整齐排列的纸条极像"草裙"，所以，他们将此活动称为"草裙"活动；再次，在学生粘贴完所有问题后，每一位学生到黑板上取一张小纸条，并尝试着思考上面的问题；最后，老师组织学生发表对同学所提出问题的看法。

我想，这个活动的应用范围比较广泛，几乎可以用到所有学科，尤其是需要深入思考的问题，不管是新课还是复习课，都可以开展这个活动。这个活动在形式上虽然略显繁琐，但不失为一种较好的收集学生问题并加深学生理解的活动。

3. 如何开展"背对黑板"活动？

首先，老师要对学生进行分组，小组一般要求是同质的，可以是两人一组，也可以是多人一组；其次，每组选出一位学生，背对黑板站好，而其他学生面对着黑板；再次，老师将内容写在黑板上，可以是单词，也可以是其他的；最后，面对着黑板的学生，向背对着黑板的学生描述老师在黑板上写了什么，可以是解释，也可以加一点肢体语言，但是不能直接说出来，哪位背对着黑板的学生最先说出老师所写的内容，哪一小组获胜。

我想，这个活动，开展起来比较简单、快捷，可以多次开展。另外，这个活动特别有意思，学生在参与时一般都会热情高涨并紧张地投入活动中，这无疑让活动的效果更加突出。综合来看，这个活动适合在很多学科开展。

4. 如何开展"观点听写"活动？

首先，在学习某一知识点或讨论某一话题时，老师可将有关此知识点或此话题的观点说出来；其次，学生在一张纸片上提前写好"赞成""反对""看情况"等三种选择，并根据自己对观点的判断结果将老师所说的观点写在相应栏目内；再次，在听写完后，各小组成员之间就大家对各种观点的判断结果进行讨论，结果相同的分享彼此的理由，结果不同的好好相互讨论；最后，如果有需要，老师可以参与讨论，或组织学生进行全班性讨论，以让学生的理解更加准确、深刻。

我想，这个活动，既能锻炼学生听说的能力，又能提升学生的思维品质，当然还能强化学生对知识的学习，同时比较容易开展，但是其趣味性不是太浓。此外，这个活动所需要的一般是存在争议、误区或值得探讨的问题，那些相对简单或答案非常明确的观点，不太适合采用这种方法。鉴于以上两方面，老师一旦确定要开展这个活动，一方面要确保内容是值得探讨的，另一方面要注意调动学生的积极性，这样才能让学生有效参与到这个活动中来。

……

应该说，戴维老师的这节课，是非常实用的，因为这些活动不仅可以大大增强课堂教学的趣味性，而且能特别有效地将教学内容融入其中。事实上，对于绝大多数老师来说，我们在知识点的讲授上基本都不存在什么问题，比较缺失的是如何才能有趣、有用地开展教学。显然，如果我们能开发出更多像上述四种活动那样的教学活动，那么我们无疑会成为特别出色、特别受学生欢迎的老师。

简单来说，教知识点是非常容易的，但是通过活动有趣、有用地教授知识点是非常具有挑战性的。这就给我们老师提出了一个新的课题：要善于开发有趣、有用的教学活动。在这方面，我们不仅要复制，而且要原创；我们不仅要模仿，而且要开发。

让我们共同朝着这个意义重大的方向努力。

2018 年 5 月 8 日

任务驱动下的有效参与

今天下午,华威大学的凯茜老师给我们上课,主要内容为交际英语。

凯茜老师的上课思路比较简单。她在简单介绍完要求、给我们分好小组后,把材料交给我们,然后组织我们扮演服务员与顾客的角色,并要求我们全部用英语交流。

为了让活动更有趣,凯茜老师让我们三位男同学扮演服务员,让其他十二位女同学扮演顾客,还把自己的围巾给我当道具。因为每个人点的食物及饮料都不同,我们服务员要和每一位顾客对话,包括进门时的问候、餐桌的安排、食品及饮料的选择、特色饭菜的推荐、菜单的登记、账目的核算、小费的有无等。这样,整节课就在角色扮演的欢声笑语中结束了,而凯茜老师则在对我们的不断鼓励、纠正、帮扶中出色地完成了自己的教学。

按照具体的课堂环节来看,这节课主要包括引入新课、创设情境、给出任务、提出要求、角色扮演、课堂反馈等环节,其中核心环节是承担达成教学目标要求的角色扮演。概括起来讲,凯茜老师是通过任务驱动的方式,引导我们有效参与到学习中来。

显然,在这些环节中,老师需要做的是任务驱动,并用任务驱动的方式吸引学生参与到学习中来;而学生需要做的是有效参与,并在有效参与的过程中完成老师布置的任务。可见,老师的任务驱动与学生的有效参与相辅相成——老师做不好任务驱动,学生就不会有效参与;学生不能有效参与,老师的任务驱动就成了摆设。

当然,鉴于老师在课堂教学上的主导作用,老师的任务驱动必须尽可能成为学生有效参与的基础。那么,老师如何才能做好任务驱动呢?

首先,设计一个好的任务。

任务是贯穿整个课堂的线索，没有好的任务，好的参与就无从谈起。因此，老师必须设计出好的任务。一般来说，好的任务应具有以下特点：目标明确（最好一次任务只有一个核心目标）、要求清晰（确保学生知道做什么及怎么做）、符合学生实际（要依据学生的已有知识水平、心理特征、学习动机等进行分析、评价）、过程有趣（有意思、有好奇、有惊喜）、难度适宜（有挑战性，但跳一跳可以够得着）等。鉴于任务的重要性，老师有必要在任务设计方面下足功夫，在大的结构方面做到逻辑科学，在小的细节方面做到重点突出，整体上要利于学生的思考及学习，不要人为地为学生设置障碍。

其次，为学生完成任务清障搭台。

在凯茜老师的这节课中，她有一点做得不够到位，那就是因高估了我们的英语水平而没有帮助我们学习单词，以至于我们花了不少时间来查单词。因此，在学生开始完成任务之前，老师有必要帮助学生清除一些障碍，或者帮助学生搭建一些辅助性的台阶，以方便学生有足够的时间完成主要任务。

再次，尽可能让过程更加有趣。

在凯茜老师的这节课中，她为我们三位男生服务员准备了不同的道具，比如围巾、托盘、菜单等道具，基本上准备好了服务员和顾客所需的道具，这让整个对话的情境更加逼真，也更加有趣。此外，凯茜老师还让我们登台表演，这更让活动达到了一个高潮。也就是说，老师要尽可能让学生在完成任务的过程中拥有更多激趣点，让学生在完成任务的过程中体会到参与、学习、收获的趣味。

最后，老师要走到学生中去。

在学生完成任务的过程中，老师要走到学生中去，以便了解学生的真实学习状况，从而给予学生必要的指导、帮扶和强化，在有趣的基础上达成有效的目标，让学生在参与学习的过程中真正有收获。切记，有趣是手段，有效才是根本的目标。老师走到学生中去，正是为了在掌握实情的基础上，帮助不同类型的学生取得进步。

总之，任务驱动学习，对学生学习的自主程度、能力水平、心理特征等都有比较高的要求，老师在设计任务驱动教学时，必须对学生的情况了如指掌。同时，任务驱动教学，对老师设计教学的能力、组织活动的能力、观察学生的能力等方面要求也更高，老师必须对教学设计精益求精。

2018 年 4 月 3 日

英国的形成性评价现状

今天，华威大学的杰勒德教授给我们分享了有关形成性评价的想法及英国的形成性评价现状。其中，有关英国的形成性评价现状，给我带来了新的认识。

形成性评价的主要目的是提供及时的反馈，从而帮助学生在原有基础上获得新的生长。英国主要将形成性评价用于学习方面，希望利用形成性评价来提升学生的学习成绩、学习兴趣、学习信心，从而通过优化学生的学习成绩及学习品质来改善学生的行为，达到教书育人的目的。正因如此，英国学校普遍使用形成性评价的方法。

英国形成性评价的使用现状如何？

首先，每个学期，教师都必须为每一位学生整理一份形成性评价报告。

在每个学期末，教师必须为每一位学生整理一份形成性报告，这份报告主要用于学生及其家长查阅。这份报告，类似于中国班主任给学生写的评语。不同的是，英国是每位教师都要参与，而中国一般只有班主任参与；英国学生学习几门学科，就有几张报告单，而中国学生一般只有一份评语。

其次，英国教师一般以"等级＋评语"的方式整理形成性评价报告。

像中国一样，英国学校一般在每个学期末会组织所学科目的测试，教师会根据学生所考取的分数给予学生不同的级别，这是形成性评价报告的一项重要内容。同时，英国教师还会给学生写一些评语，但不会长篇大论，一般会以"好的＋坏的＋希望的"等形式来撰写。这些做法，与中国的情况类似。但不同的是，中国提供的一般是分数，而不是等级。

再次，学生、同学、家长一般都会参与到形成性评价中。

在制定形成性报告单时，学生、同学、家长都会参与到形成性评价中，包括自我评价、同伴评价、家长评价等项目。对于家长这方面，学校也会召开家长会、举办家长课堂、要求家长填写作业日记、鼓励家长多与教师沟通等。这些做法与中国的情况基本相似。

最后，英国对教师的要求及形成性评价的主要用途。

如前文所述，每个学期末的形成性评价是每一位教师都必须做的，这是规定；但是，对于每一天、每一周、每一月的形成性评价，教师到底是否需要整理，学校是没有明确要求的，教师一般会及时记录、整理，并及时反馈以帮助学生成长。在学生升学时，上一级学校一般也不会要求学生毕业学校提供形成性评价报告单，或者不太注重学生毕业学校对学生的评价，学生升学还是主要看分数。这些与中国的情况基本相同，没有太多区别。

整体来看，英国教师使用形成性评价已经是常态了，充分发挥了形成性评价的教育功能；对于中国教师来说，我们对形成性评价的使用还处于比较零碎的状态，远远没有发掘出形成性评价的教育功能。

当然，中国教师未能好好利用形成性评价，是有客观原因的。

英国班级多以小班为主，每个班级的学生数比较少；而中国班级多以大班为主，每个班级的学生数比较多。客观地讲，中国班级的学生数，少则三四十，多则六七十，中国一个班级的学生数抵得上英国两个甚至三个、四个班级的学生数。中国这么低的师生比，不仅加重了教师的负担，更让教师没有办法关注到所有学生。显然，这种客观现实给中国教师开展形成性评价工作带来了很大的障碍。

不过，难度大和是否有序开展并无必然关系。中国教师充分利用形成性评价，确实面临更大的工作量及更多的困难，但这并不是形成性评价在中国没有扎扎实实开展的根本原因，根本原因是我们压根儿就没有启动这项工作，这是非常值得我们警惕的。

教育教学是非常个性化的事情，最好的教育教学当然是建立在教师对学生充分了解并提供针对性帮助的基础上。而形成性评价的作用，就是更关注学生成长的过程，在基于事实依据了解学生的条件下，给予学生更及时且更有针对性的教育，同时将教师从单纯关注结果转移到全面关注过程的合理轨道上来。

开展形成性评价，我们任重而道远。

2018年4月10日

第五章 学生,尊严与发展并重

校服要帅，妆容要靓

今天，我们访问了惠特利学院，遇见了许多正值青春的高中学生。我不仅感受到他们强烈的青春气息，而且看见了他们帅气逼人的校服和靓丽无限的妆容。对，青春需要这样的帅气和靓丽。

男生和女生的校服均是黑色的修身西装、白得发亮的衬衫和笔挺的蓝色领结。穿着校服的男生和女生，迈着轻盈的步伐，脸上满是阳光和自信，让人觉得只有这样帅气的校服，才能配得上这样可贵的青春。

除了帅气的校服之外，学生的妆容也给我留下深刻的印象。对于男生来说，有刘海能把眼睛、鼻子全部遮掩起来的长发，有刮得锃亮的光头，有卷了又卷、高高耸起的长烫发，也有卷了又卷的短烫发；对于女生来说，有顺顺直直的披肩长发，有轻盈悦动的马尾辫，有光滑得连风都吹不动的及腰辫子。除此之外，女生还有长长的微微向上翘起的睫毛，有擦着白粉底的面庞，有抹着淡淡口红的嘴唇，有涂着亮丽颜色的指甲……就在这一瞬间，我们就意识到让学生都剪成板寸的要求是多么荒唐可笑！

热情洋溢的高中学生，配上修身帅气的校服和精致靓丽的妆容，才是真正的青春。那些宽大、肥胖校服下的高中学生，那些必须留板寸头的青春，那些不能化任何一点妆的青春，都是被压抑摧残的青春，在不经意间就会让你产生一种青春被浪费了的感觉。

从这个角度来说，我希望能邀请到全世界最著名的服装设计师，让他们集中起来用心地设计出符合学生身体特点和审美需求的最帅气、最优雅的校服。只有这样帅气、优雅的校服，才是学生愿意穿的校服，这比任何逼迫学生穿校服的招数都更有效。客观地说，如果多数学生都不想穿校服，那么肯定是校服本身出了问题。

同时，我支持学生自由选择发型、自主化点淡妆的做法，让他们在自我设计妆容的过程中体验美、反思美、创造美，满足他们在青春期对美、对个性的强烈需求，为他们的青春贴上最人性化的标签。客观地说，那些想让学生通过近乎丑陋的"朴素"容颜度过青春的做法，都是疯狂压抑青春的举动。用严管的方式来逼迫学生穿校服，逼迫学生不准化妆，真的是教育低端、落后的表现。

当然，我们不能陷入由严管到不管的两极对立的思维里。对于学生的校服和妆容，我们不仅要管，而且要高质量地管，要符合青春需求地管。要想实现这个目标，我们在管理学生的校服和妆容时，一定要遵循"发扬美，创造美"的原则，尽可能让校服更帅气，让妆容更得体，这才是我们努力的方向。

我希望能早日看到这一天。

2018 年 3 月 26 日

孩子们的职业理想

今天,在东青初级学校,我们和十位不同年级的学生做了沟通。我问了他们一个问题:你们将来想从事什么职业?

在孩子们的回答中,有想做美容师的,有想做运动员的,有想做会计的,有想做游泳教练的,有想做护理人员的,有想做工程师的,有想做喜剧演员的……

对于这个小小的问题,我有四点思考——

首先,孩子们已经开始思考职业问题了。

对于这个问题,我们本来以为孩子们会深思熟虑一番,没想到的是,我们的问题一抛出来,孩子们立刻就回答完毕,这着实令我们感到惊叹。显然,这说明这些孩子已经开始思考职业问题了,而且还有着比较成熟的答案。对于7—11岁的孩子来说,这是非常难得的。

其次,孩子们的理想职业特别接地气。

我为什么要问他们这个问题呢?因为我一直觉得很多孩子的理想职业都是比较高远的,多半都是科学家、文学家、政治家、歌唱家等带"家"的,仿佛不带"家"都不是职业似的。事实上,社会上哪需要那么多的"家",绝大多数学生将来都会从事非常普通的职业。

这几位英国小朋友的理想职业,就特别接地气,也特别符合实际,让我们有一种特别清新、实在的感觉。不得不说,这样的职业理想是比较容易实现的,同时也不会让这些孩子在将来感到失望,当然也就不会出现那么多的职业倦怠。这又让我想到了一个特别震撼的细节。

在说这个细节之前,我想问一个问题:在你遇到的司机师傅中,有多少人在驾车的过程中是非常开心的？在我见到的多数司机师傅中，他们一般会面无表情，显得比较累、比较烦，或者比较严肃。而送我们访校的英国司机师傅，则告诉我们，他感觉每天都像旅行一样，尤其是天气晴朗的时候。他是多么享受自己的职业啊！

再次，孩子们的职业中出现了"护理人员"。

在听到这位孩子说出"护理人员"时，我们怕听错了，特意请陪同老师写在我的笔记本上。经查，我们并没有错，这位孩子的职业理想确实是"护理人员"。"护理人员"这种工作，是比较脏比较累的，也是特别需要耐心的。但是，这位孩子却说自己想做"护理人员"，这是出乎意料的，因为从事这种职业几乎相当于是在做慈善。孩子的这份爱心，是值得敬佩的。

最后，孩子们对职业没有歧视。

从现场表现来看，孩子们在说自己的职业理想时都非常自然，而其他同学也没有什么明显反应。这说明，在这些孩子的心目中，这些职业都是在实际生活中存在的职业，都是社会发展所必需的，或许并没有什么高低贵贱之分。而我们，包括我在内，在很多时候，有时是不想让孩子从事某些职业的。我们可能并不歧视那些职业，但是也不推崇那些职业。这说明，在我们的心目中，职业还是有等级的。在这方面，我们需要向这些孩子学习。

总之，我们都希望孩子拥有幸福的人生，而这个目标的实现，是绕不开职业理想的。时下，出现了太多的职业倦怠和职业认同感低的社会现象，这是否和我们对孩子的职业理想引导的不合理有莫大关系呢？换言之，我们到底需要给孩子什么样的职业理想引导呢？或者说，社会需要给孩子寻找职业理想创造一个什么样的环境呢？这些问题，都值得我们用心地思考。

2018 年 4 月 30 日

你的学生会分享吗？

今天，我们在菲汉姆帕克学校听了一节英语课，这节英语课由索尼娅（Sonya）老师执教。索尼娅老师在执教过程中，让全部学生都做了发言分享，这一点给我留下特别深刻的印象。

这个班级是个小班，只有22位学生。但是，即便学生非常少，我依然觉得能让所有学生在课堂上发言分享是一件了不起的事情。试想一下，我们一节课能让22位学生发言分享吗？我觉得，这在国内是非常少见的。

那么，索尼娅老师是如何做到的呢？

首先，索尼娅老师提供一份研讨材料，并组织学生思考、交流两分钟。这是学生能做好发言分享的基础，和国内老师们普遍采用的方法大同小异，此处不再赘述。

其次，索尼娅老师采用抽签的方式，随机请学生发言分享。

索尼娅老师把每一位学生的姓名写在一块同样大小的木片上，并将所有木片放于一个木质笔筒中。当索尼娅老师需要邀请学生分享时，就抽取一块木片。这种做法，并不新颖，在国内也比较常见。不同的是，索尼娅老师一次提问很多学生，给予更多学生发言的机会，不管学生的答案正确与否，都让学生去发言分享。事实上，这是在有意地引导学生发言分享，并训练学生发言分享的能力。时下，敢于发言而又精于发言的人并不多，就连我们老师，也有很多人既不敢于发言也不精于发言，比如我。然而，敢于发言又精于发言是多么重要的能力。索尼娅老师采用这种广泛抽签的方式让学生发言，表面上看，可能浪费了时间，但实际上，学生得到了比知识更重要的东西。可以说，索尼娅老师的教学格局是非常高的——发言分享，是学生的权利，是学生的义务，当然也应成为学生的追求。

最后，索尼娅老师保留自由发言的机会。

每一次抽完签后，索尼娅老师都要问一问还有没有同学要发言。从课堂教学内容的丰富性来看，让更多学生发言，让有不同观点的学生充分发言，这是使课堂教学内容更加丰富的有效策略。抽签点名分享的方式是索尼娅老师为学生创造的公平的发言分享机会，而自由发言分享的机会则是学生自己争取的。总体来看，索尼娅老师让学生发言分享的方法，既做到了公平，又考虑到差异，看似朴实无华，实则意义深远。

说到这里，我不禁思考：我们的学生会发言分享吗？

我想，少数学生还是比较喜欢发言分享的，但这部分学生永远是少数，更多的学生习惯沉默。习惯沉默的学生大概源于三种原因：不想发言分享，不善发言分享，不屑发言分享。

不想发言分享者，他们或许没有让自我感觉满意的想法，对发言持有担忧的态度，怕自己当众出丑，或者怕因自己的不当想法而拖慢课堂的节奏，久而久之，可能养成不发言也不思考的坏习惯。

不善发言分享者，他们一般都有自己的想法，但是不知如何去表达自己的想法，怕自己会当众出丑或者担忧自己因表达不出想表达的而被人否定，慢慢地，就更不敢、更不会发言分享了。

不屑发言分享者，他们一般也有自己的想法，但是可能觉得问题幼稚或者觉得那样太繁琐。缺乏对课堂发言分享的正确认识，认识不到课堂发言分享的重要性，逐步地就会游离于课堂之外，变得"自生自灭"。

综上所述，不想发言分享者，需要通过发言分享的过程得到督促；不善发言分享者，需要通过发言分享的过程得到锻炼；不屑发言分享者，需要通过发言分享的过程得到提醒。也就是说，不管是哪一种学生，一般都能通过发言分享增强自信、提升能力、深化认识、促进学习等。由此可见，发言分享理应成为每一位学生的课堂常态。

2018 年 4 月 18 日

找到学生的生长区

今天,华威大学的蒂莉(Tilly)老师给我们带来了一节名为"Aim for the Growth Zone"(瞄准生长区)的课,让我们在解决问题时有了新的思路。

蒂莉老师先说了自己的一段经历:她虽然会游泳,但是一旦把头埋在水里,就会感到特别恐惧,大脑会一片空白。原来,在她三岁的时候,父母带她去游泳,她经历了溺水事件……

蒂莉老师接着问我们是否有类似的经历。在我们简单分享后,蒂莉老师给我们创设了三种情景,并要求我们谈谈想法——

(1)如果你不会游泳,每当来到游泳池的时候,你会有什么想法?

(2)如果你不会游泳,某一天你和朋友一起来到游泳池,而你朋友突然把你推到游泳池里,你会有什么想法?

(3)如果你不会游泳,而你朋友告诉你一些游泳技巧、鼓励你大胆尝试并答应做好保驾护航的工作时,你会有什么想法?

在第一种情景中,我们大多数人都提到了害怕、焦虑、担忧等;在第二种情景中,我们大多数人都提到了生气、愤怒、恐惧等;在第三种情景中,我们大多数人都提到了尝试、冒险、体验等。之后,蒂莉老师说,其实学生在学习的过程中,也会经历这三种情景。

蒂莉老师继续介绍:在每一个人的大脑中,都有一个"Amygdala"(杏仁核),"Primitive responses for survival fear"(人类对生存恐惧的原始反应)就在杏仁核里,而人在恐惧的时候,往往会大脑一片空白。

紧接着,蒂莉老师呈现了几个让我们讨论的问题——

Are there times when your mind goes blank? How about your students? Discuss situations that might be very stressful for students.How can we scaffold them to avoid anxiety or panic?(可翻译为：有没有什么时候你的大脑一片空白？你的学生会这样吗？讨论可能给学生带来压力的情况。我们怎样才能使他们避免焦虑或恐慌呢？）

在我们讨论后，蒂莉老师呈现了几个可供借鉴的策略——

Collaboration: peer support（合作：同伴支持）；

Autonomy: choice and control（自主：选择和控制）；

Dignity: respect and self-worth（尊严：尊重和自我价值）；

Exposure: safe practice and familiarity（曝光：安全实践和熟悉）。

结合蒂莉老师的讲解，我是这样理解这四点的：第一点，主要说明合作学习的意义；第二点，主要说明自主学习的重要性；第三点，主要说明自信的关键作用；第四点，主要说明提前告知和模拟训练的基本价值。

在课堂的最后，蒂莉老师给我们呈现了关于生长区的模板——

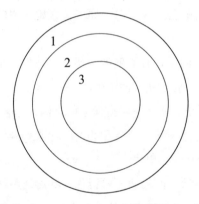

其中，第1区域称为"Anxiety Zone"（焦虑区）；第2区域称为"Growth Zone"（生长区）；第3区域称为"Comfort Zone"（舒适区）。在焦虑区，学生因为过于恐惧，很多时候会觉得大脑一片空白，基本上不能进行任何有效学习；在舒适区，学生因为对学习材料非常熟悉，很多时候会觉得在做无用功，基本上也不能进行任何有效学习；而在生长区，学生既觉得有挑战，又不会感到恐惧，可以进行有效学习。

因此，我们老师要避免让学生处于焦虑区或舒适区，而应多瞄准学生的生长区，让学生进行更多的有效学习，这样才能最大限度地帮助学生学有所获。

2018年4月24日

学生到底要学习什么?

今天,我们在菲汉姆帕克学校,与一位叫海伦(Helen)的汉语老师交谈。

海伦老师说,在上汉语课时,她不仅会注重学生听、说、读、写方面的训练,同时还会通过中国历史、中国电影、中国文学等载体帮助学生了解中国文化。我们对此非常好奇,于是海伦老师给我们展示了一份她用于介绍清朝的课件,其中讲到了甲午战争。在讲到甲午战争的时候,海伦老师给学生留的作业是:在甲午战争中,清朝为什么会失败?

说实话,看到这个题目时,我们都感到了惊奇——中国学生能说清楚这个问题吗?除了清朝昏聩、官兵慵散、日本奸诈之外,我们能想出更深刻的原因吗?事实上,清朝之所以失败,更多的是思想上的落后:对制海权的忽视,对战争没有预见性,缺乏国家的概念等等。这样的清朝,任由外国人登陆、进出,从来都是被动挨打,多数官兵根本不知道为何而打仗……如此这般,清朝焉能不败?

海伦老师说,学生在论述类似题目时,刚开始做得比较差,但是后来越做越好,有时会出现超乎寻常的想法。可是,学生即便有超乎寻常的想法,他们能用汉语表达出来吗?海伦老师说,他们是用英语来论述的!

对于这个回答,我们更是感到吃惊——学习汉语,还用英语来论述?

然而,事实就是这样的。海伦老师说,学生经过这门课程的学习后,绝大多数都能进行简单的汉语交流,并且了解中国的文化。至于用什么语言表达,那只是手段的问题。在海伦老师介绍的过程中,她反复提到"了解中国文化"。我想,她不仅让学生了解了中国文化,也达成了更高的目标。

事实上,学生在学习一门语言时,是可以达成三个不同目标的。

首先，会使用这门语言。

简单来说，就是能够听、说、读、写这门语言的常见字、词语、句子。显然，这是最低级别的学习目标。中国绝大多数的英语教学，实际上就停留在这个层次，只知道记单词、造句子、写作文、练听力、会考试。除此之外，英语教学就不知道要做什么了，把具有丰富内涵的语言学习彻彻底底变成了无休止的记忆和考试，把课堂变成了廉价的英语单词的搬运工。

其次，了解语言背后的文化。

每一门语言背后，都有一群使用该语言的原住民，都有一种属于该语言情境下的特殊文化。毫不例外，汉语背后，是特定的中国文化。学习一门语言，却不了解这门语言背后的文化，那么这样的学习只掌握了表面的交流工具，没有从根本上了解这门语言的韵味。海伦老师的汉语教学，显然已经达到了这一层次——文化是比语言更重要的目标，为了了解中国文化，海伦老师允许学生用英文来论述，这是多么智慧的做法！

最后，换个角度来探究社会发展规律。

海伦老师说，她在教学汉语课程时，往往会引导学生对比同时期的英国和中国，想一想英国人当时在做什么，再看一看中国人在做什么，同时思考为什么会这样。事实上，海伦老师这是变换角度用另一种完全不同的素材来帮助学生探究社会发展规律，切实将汉语由表及里地渗透到骨子里，学到了为我所用的关键点上，而绝不是停留在做语言的搬运工这个最低级别的层次上。

这让我不由得思考，学生到底要学习什么？

学习的最低级别是"知道是什么"，就像数学中学习厘米、分米、米、千米等单位一样，我们知道一分米等于十厘米，就属于这个级别，至于一厘米、一分米等到底有多长，那就不关注了，或者也不需要关注了。

学习的中间层次是"知道为什么"。一米为什么是那么长？根据国际基本单位制，一米被定义为光在真空中 $1/299792458$ s（秒）的时间内所通过的距离。把这个前前后后的故事给学生说一说，再带着学生用尺子量一量板凳、课桌、黑板、自己的身高，那么学生对长度单位的意义及关系不就非常清楚了吗？

学习的最高层次是"知道做什么"。换言之，我学习这些知识，它们到底在哪些方面可以帮助我提升？显然，了解了长度单位，就可以间接地了解距离、位置、空间等抽象概念，从而帮助我们认识到祖国的地大物博、地球的广袤无垠、宇宙的深邃奇妙等，帮助我们看到自己的卑微及伟大、地球的宽广及渺小，帮助我们树立敬畏生命、敬畏自然的意识……

而你我的教学，处于哪一层次呢？

2018 年 4 月 18 日

请温柔呵护那些困难生

今天,我们来到了林格霍尔学校和体育学院,并和英格拉姆(Ingram)老师就困难生的教育问题,进行了深入的交流。

这所学校有一个特殊的机构——Foundation(直译为"基础""基地""支柱"等)。这一机构主要是面向在行为、学习、心理等方面存在问题的困难学生。而这些困难学生,又被分为两类:一类是仅有行为或学习方面的问题,但没有心理问题;一类是有自闭症等心理问题的学生。

对于第一类学生,英格拉姆老师说学校最常见也是最重要的方法就是"谈"。

在学生刚表现出问题时,老师一般会提醒;连续出现类似问题后,老师就会和学生进行一对一的交流,询问学生为什么要这样做,是不是遇到了什么困难,是否需要老师的帮助等。英格拉姆老师说,绝大多数学生都能感受到老师对学生的友善,并和老师建立了非常信任的关系。因此,在老师找学生交流时,学生一般都会坦诚地说出内心的真实想法,乐意和老师探讨相关问题,并会按照共同的约定去做。英格拉姆老师说,绝大多数的学生问题就是通过这种方式解决的。

当学生出现比较大的问题时,比如出现了持续扰乱课堂纪律的行为,那么老师就会按照学校制度,将学生带到一个专门供师生谈话的地方,和学生进行更正式的谈话,避免学生继续破坏课堂纪律。如果学生的问题非常严重,那么家长、校长、社工老师,甚至是警察(每一所学校都有一名警察配合解决相关问题)都会陆续参与到谈话中来。不管是哪些人参与到谈话中来,谈话的内容依然是询问学生为什么要这样做,是不是遇到了什么困难,是否需要老师的帮助等。如果学生出现了欺凌同学的问题,那么警察就会严肃地告诉学生,如果继续出现类似的行为，就会受到怎样的处罚，这不是恐吓，而是给学生普法。

英格拉姆老师说，对于这类学生，学校找他们谈话的主要目的是想帮助学生排除学习或成长方面的障碍。因为出现问题的学生，基本上都是遇到困难的学生，此时他们需要的是引导和帮助，而不是责备和处罚。

对于第二类学生，学校的 Foundation 就是为他们设置的。英格拉姆老师说，学校对存在心理问题的学生的教育是非常慎重的，如果学生的问题不严重，那么会让学生在普通班级学习；如果经老师、家长及专家鉴定，学生确实存在心理问题，那么就需要到专门的班级接受特殊的教育。

学校会将存在心理问题的学生根据年龄分成三个班，并为他们开设特殊的课程——将所有学科知识融于一体的主题课程。比如，我们在进入这个教室参观时，得知他们开设了"巧克力工厂"主题课程，并观看了他们制作的纸质巧克力工厂。这个"巧克力工厂"主题课程是这样开设的：先是让学生观看《查理和巧克力工厂》这部电影，接着组织学生按照自己的设想用纸片、塑料、木棍等制作巧克力工厂和电影中的人物，然后帮助学生学习有关巧克力的制作原理，最后提供原材料供学生实际制作巧克力……在这个过程中，老师会将有关的语言、数学、科学等知识融入其中，确保学生能满足基本的学业水平。

值得一提的是，家长在得知孩子存在心理问题时，一般都会坦然地接受并特别支持、配合学校和老师的工作，以求早点帮助孩子解决问题。此外，一旦某学生被确定存在心理问题后，政府就会对这位学生给予更多经费支持，以确保这位学生在吃、穿、住、行等方面享受更好的待遇，顺利完成基本的学业。

从该校的实际做法及英格拉姆老师的介绍来看，他们在看待问题学生时，有完全不同的视角——问题学生遇到了严重的困难，这些困难造成了他们在学习、行为及心理上的障碍，他们是受害者，是值得所有人同情的，也是需要老师、家长、政府用心呵护的，老师和学校不能将之视为麻烦，家长不能将之视为耻辱，政府不能亏待更不能放弃他们。不得不说，这一点让我特别感动。

请更温柔地呵护那些困难生吧！

2018 年 4 月 19 日

给特别学生的无痕之爱

今天，在东青初级学校，和学习导师（The Learning Mentor）做了简单的交流并观摩了一个非常特别的活动：针对两位学生的乐高治疗（Lego Therapy）。

众所周知，乐高积木是儿童喜爱的玩具。这种塑胶积木一头有凸粒，另一头有可嵌入凸粒的孔，形状有1300多种，每一种形状都有十二种不同的颜色，以红、黄、蓝、白、绿色为主；它靠小朋友自己动脑动手，拼插出变化无穷的造型，令人爱不释手，被称为"魔术塑料积木"。今天，学习导师就是利用乐高积木来帮助两位学生的。

整个活动是这样开展的——

学习导师将两位学生叫到一间特别温馨的房间，拿出乐高积木及一张图纸，并说明游戏规则。学习导师要求一位学生扮演设计师，按照自己选择的图纸向另外一位学生发出指令；而另一位学生扮演建筑师，按照设计师的指令现场进行建造。学习导师还告诉扮演设计师的学生，为了游戏更具挑战性，千万不要让另一位学生看到图纸。

学习导师介绍完后，两位学生都表示理解了老师的意思。于是，游戏正式开始。在第一个环节，扮演设计师的学生发出指令，由老师和扮演建筑师的学生共同从积木盒子里选出相应的积木。在第二个环节，扮演设计师的学生，按照所选图纸的框架结构向扮演建筑师的学生发出指令，由扮演建筑师的学生独立完成积木的搭建工作。

做完整个活动只需要几分钟的时间，但是我觉得意义非凡。在活动结束后，我们和学习导师有一个简短的交流，其中一个细节更让我感动，觉得学习导师给予学生的关爱，可称为"无痕之爱"。

这个细节是这样的——

在我们问学习导师"是不是所有学生都参与这个活动"时，学习导师只是简单说了一个"NO"，并未解释其中的原因。我们立刻明白，因为两位学生还在场，所以学习导师并不方便直白地给我们解释其中的缘由。在两位学生回课室后，学习导师告诉我们，乐高治疗主要用于那些存在听说障碍、注意力不集中或比较孤僻等问题的学生，老师试图通过这种游戏，让学生的状况慢慢改善。

我没有采用过这种方法来帮助过学生，但是通过观摩和交谈，我觉得学习导师已经把乐高治疗活动做得非常好了，主要有以下两方面的原因。

一方面，以游戏为载体，既让学生乐意参与，又消除了问题标签。

游戏，对孩子充满了诱惑力，自然是孩子们乐意参与的活动。同时，在这个房间里，是师生在一起玩游戏，并不是所谓的"给病人治疗"，这无疑消除了学生身上的问题标签，最大限度地减轻了学生的心理负担，让学生自己感觉不到自己的问题，对学生做了很好的呵护。对于学生尤其是年幼的学生来说，问题标签是万万要不得的。

另一方面，以游戏为载体的治疗，已实现从"说教"到"训练"的转变。

很多时候，我们存在这样的误区：会不自主地认为存在问题行为的学生，多半是思想上出了问题，于是趋向于通过"说教"而让学生在思想上发生转变，进而解决学生的问题行为。事实上，不少问题并非思想转变就能消失的。比如，谁不知道自信的重要性，但是能时时处处做到自信的人有多少？这就告诉我们，很多问题的解决，需要通过特殊的经历来让学生获得娴熟的能力、积极的体验及充足的成就感，才能促使学生在行为上发生改善。而这次的乐高治疗游戏，就充分训练了学生的观察能力、表达能力、倾听能力、动手能力、交往能力等等，如若经过一定周期的训练，学生这几方面的能力就很有可能获得较大幅度的提升。显然，这种训练的方法更有效。

不得不说，每一位存在问题的学生，都是一位被乌云遮蔽的天使，值得老师在内心给予真正的同情，当然也需要老师在行动上给予切实帮助。我们一方面不能因为粗心大意或麻木不仁而让问题学生背负更多心理负担，另一方面要尽可能设计出更科学有效的方法帮助他们，让他们尽早步入正常生活和学习的轨道。

2018年4月30日

那些当年我们做不到的事情

今天，我们来到了英国南部的海滨城市布兰顿（Brandon），欣赏了海边风景。在海边，几位大约两三岁的小朋友，随着海浪的进退跑来跑去并不断发出快乐的笑声。

而他们的父母呢？

我只见他们的父母远远地站在他们身后，既没有阻拦小朋友玩耍，也没有时刻嘱咐小朋友。难道他们不担心小朋友的安全问题吗？

就在这时，我的一位同学说，有一天他在回家的路上，碰巧遇到了一位在草坪上踢球的孩子。小孩子大汗淋漓，而且一身泥巴。但是，让他惊奇的一幕出现了——小孩子欢快地跑向他的妈妈，他妈妈竟然张开双臂，紧紧地把孩子搂在怀里，丝毫没有顾忌孩子浑身上下的泥巴！

我们都不禁发出感慨：这些英国父母太尊重孩子的天性了！

一位同学说，他也是非常尊重孩子的天性的，并举了一个例子。他每次和孩子一起进行亲子共读时，一般都会躺在床上看书，因为那样"很舒服"。这时，另一位同学说："难道你不担心孩子的视力吗？"只听这位同学说："现在近视的孩子有多少？这是我们担心能解决的吗？再说，我们能一直保持教科书上的姿势来读书吗？"

……

这个问题引起了我的思考，因为我也时常陷入这样的两难境地。

自从当了父亲之后，我有时也会为孩子的未来感到焦虑——怕孩子生病，怕孩子近视，怕孩子学习成绩不优异，怕孩子在学校被欺负，怕孩子遇不到好老师，怕孩子没有一个像样的兴趣爱好，怕孩子不会和他人沟通，怕孩子的性格不够开朗，怕孩子不喜欢和我们交流，怕孩子会遇到坏人……一旦害怕起来，我有时就会忍不住"叮嘱孩子几句"，生怕孩子做不好。

有时，我和妻子会探讨这些问题。妻子常常对我说："你想一想，孩子才多大啊。其实，她能做成这样，已经非常不容易了。你再想一想我们小时候，我们能做得比孩子更好吗？"是呀，我们是多么期望孩子能做得更好啊！以至于我们当年做不到的，竟然也希望孩子能做到。

我们都是从儿童时代过来的，那些当年我们自己都做不到的事情，我们还有什么理由要求孩子必须做到呢？显然，我们是把孩子当作成人，甚至是非常优秀的成人。当然，我们这样做，是不希望孩子走弯路、错路，是出于爱孩子的目的。

然而，这并不等于我们就可以无限制地要求孩子。孩子毕竟是孩子，而且是和我们处于不同时代的孩子。从这个角度来说，我们最大的问题就是以爱的名义蛮横地苛求孩子。

如文章开头所说，孩子们看着海水一会儿爬上岸一会儿又退回去，享受着海水刚要碰到脚面而自己又成功跑掉的欢乐。这是一件多么有趣的事情啊！如果我们非要拉着孩子的手，或者不停唠叨，孩子还能享受到那么多欢乐吗？

把孩子看作孩子，不要轻易地要求孩子做到那些我们当年做不到，甚至现在都做不到的事情，这是对孩子的天性的尊重，也是对孩子的心灵的理解。孩子的未来属于孩子，而不属于我们。不要随便把那些难题交给孩子，让孩子的童年少一些管教、苛责和要求，多一些随性、赞赏和鼓励吧！

2018 年 4 月 14 日

非凡创造与年龄有关吗？

今天，华威大学的华人老师庄斐瑜给我们带来了一节有关教育技术的课。

庄老师介绍了一款叫"Quizlet"的软件。"Quizlet"被誉为闪电般快速学习词汇的神器，可将词汇、发音、翻译及图片等相匹配，以类似闯关游戏的模式，帮助有需要的人高效记忆词汇。同时，"Quizlet"可以让用户非常容易地创建和归类在线记忆卡，而且还有诸多模型，能够测试用户的知识储备状况。据说，"Quizlet"在美国网站访问量排行榜中位列前五十名，在苹果商店免费教育软件下载排行榜中高居前三名，到目前为止，全世界超过1200万人用"Quizlet"学习词汇。

这样的神器，到底是如何被创造出来的呢？

原来，就读高二年级的美国小伙子安德鲁·苏特兰德（Andrew Sutherland），为了更科学地背法语单词，于2008年创办了一个单词卡片网站，试图通过闯关游戏的形式，提升自己记忆单词的兴趣及效果。他这样想了，也这样做了，并且还做成功了。后来，他向外界开放网站，允许人们在线创建单词卡片，并用各种有趣、高效的方法来学习外语单词。

如此，安德鲁·苏特兰德创造了"Quizlet"，拥有了非凡的成就，而且这份创造属于一位就读高二年级的学生！这是多么了不起且奇妙的成就，安德鲁·苏特兰德还那么年轻，甚至说还是个"孩子"。

事实上，这种奇迹还有很多——

比尔·盖茨（Bill Gates）在他20岁时就与朋友保罗·艾伦（Paul Allen）共同创造了微软，打造了微软王国；于2014年在全国率先提出共享理念并创建ofo共享单车的戴威，是个"90后"；马化腾在27岁时创立了腾讯计算机系统公司，让 QQ 风靡全国……

那么，这些年纪轻轻就有非凡创造的人的经历，可以给我们带来哪些教育启示呢？

首先，创造源自灵感，而灵感与年龄无关。

众所周知，儿童往往有更多奇思妙想，或者说有更多充满创造性的灵感，因为他们对世界充满了好奇心。正基于此，我们务必要呵护好儿童的好奇心，同时注重儿童的每一个灵感。换言之，我们要敬畏儿童的生命，自觉地以平等的眼光来看待儿童与成人，不要轻视儿童，也不要轻视儿童的想法——当儿童提出某一个想法时，我们要让儿童充分表达，同时在认真倾听的基础上，认真地与儿童一起讨论、分析，即便儿童的想法和思路非常幼稚或荒谬。

陶行知先生在《小孩不小歌》这首小诗中这样表述："人人都说小孩小，谁知人小心不小；你若小看小孩子，便比小孩还要小。"不难看出，作为伟大教育家的陶行知先生，是何等地敬畏儿童，何等地尊重儿童的想法。

其次，儿童同样可以创造，切记不可小觑儿童。

这个世界不仅是成人的世界，也是儿童的世界。在成人平等看待儿童时，我们也要让儿童客观看待自己。我们要让儿童认识到，创造不仅属于成人，也属于儿童。如此，当儿童拥有某个想法时，我们要引导儿童在深入思考问题、全面查找资源、综合分析想法的基础上进行探索、改进或设计，让他们不要轻易放弃自己的想法，因为每一个想法都是有价值的，即便这个想法是错误的。

最后，给儿童提供实践平台，帮助儿童把想法变成现实。

当我们鼓励儿童重视自己的每个想法时，我们必须为儿童提供实践的平台，让他们有机会把想法变成现实，即便这些想法是错的，我们也要让儿童通过实践来得出这一结论。在这个实践的过程中，儿童的知识水平、研究素养、做事态度等都会获得提升，而这些都是提升儿童创造力的重要品质。因此，我们要尽可能地给儿童提供实践平台。

综合以上三点，在当下的学校，我们可以引导学生开展"主题研究"——如同成人学术研究一样，让儿童根据某一问题做学术性的研究并形成学术性论文或学术性报告。这些学术性论文或学术性报告要尽量遵循学术规范，包括问题的提出、资料收集、信息调查、实验探究、成果分析等。当儿童形成这些学术性研究品质的时候，我们的教育就走上了高品质之路。

当然，本文中提到的安德鲁·苏特兰德等人，并非儿童。本文在叙述时之所以以"儿童"为主体称谓，就是想让所有人认识到"非凡创造可以属于年轻人"或者"非凡创造可以属于年龄更小的人"的客观事实。需要说明的是，非凡创造必定需要一定的知识储备，我们让儿童去研究，并非期待他们可以拿出非凡创造，而是让他们逐步意识到他们在某一天一定会有能力开展非凡创造的工作。

2018 年 4 月 12 日

第六章

教师，要有教师的模样

你为什么做教师？

今天下午，华威大学的戴维老师组织我们讨论一些教育问题，其中第一个问题就是："Why did you choose to be a teacher?"即"你为什么要选择做教师？"

我为什么做教师呢？

从我个人的经历来看，我在填报高考志愿时之所以选择师范专业，主要原因在于一些优秀教师在关键时刻拉了我一把，让我的人生彻底发生了改变。正因为有这样的经历，我认识到教育对人成长的重要性。受惠于教育的我，也想通过教育这盏明灯来照亮学生、温暖自己。

我为什么做化学教师呢？

在读高中的时候，我特别喜欢且擅长化学，同时也遇到了一位让我颇为崇拜的化学老师。那时，我觉得做一名化学老师，是一件非常让人高兴的事情，所以在填报高考志愿时就果断填报了"化学教育"专业。

直到今天，我依然认为自己当年做了最明智的选择。

那么，我们为什么要探讨"选择做教师"这个话题呢？

我们可以采用假设的方法来分析这个问题。

比如，如果我不喜欢做教师，那么会出现哪些情况呢？

第一，我会不会觉得教师的工资太少？会不会觉得教师的工作太累？会不会觉得教师的地位太低？正所谓"家有三斗粮，不做孩子王"。果真如此，那就说明教师这个职业和我的人生追求是格格不入的。

第二，我会认为教书育人是重要的工作吗？会为教育工作尽心尽力吗？会在教学活动中力求做到最好吗？如果我对教师职业抱着无所谓的态度，那么我几乎不可能成为优秀教师，更谈不上带来优质的教育。

第三，我对了解学生感兴趣吗？能从教书育人的活动中感受到乐趣吗？能感受到师生相互陪伴、教学相长的幸福吗？如果我对教书育人感到麻木，就会忽略太多有意义的感受。

从以上三方面可见，我选择做教师，充分体现了我对教师职业的接纳、对教师职业价值的挖掘、对教师专业发展的热情。概括起来讲，我选择做教师的原因，就是我对教师这一职业有认同感。从某种意义上说，一位教师对教师职业的认同程度，决定了这位教师教书育人工作的高度、深度和广度。

你要问我教师最需要的品质是什么？我想，我不再会说是爱心、耐心、责任心、宽容心、沟通能力、知识水平、教育理念、教育智慧等，而是明确告诉你"教师最需要的品质是对教师职业的认同"。离开了这个前提，其他所有品质的意义都会大打折扣，不管是对工作本身，还是对个体本身。

当我们了解到这一点，我们就不难发现，很多老师撇开教师身份来说，是非常优秀的，他们学识渊博，智慧超群，爱好广泛，谈吐非凡……但是，他们唯独没有做好教书育人的工作。事实上，他们并不是做不好教书育人的工作，只是没有用力、用心、用情做教书育人的工作罢了。那些特别优秀的老师，他们在学识、智慧、爱好、谈吐等方面或许并不出众，但是能把教书育人的工作做得相对好。这不是因为别的，而是因为他们更用力、用心、用情地对待教书育人的工作。

而两者最根本的区别，就是是否认同教师这一职业。鉴于此，对教师职业的认同，不仅应该成为教师最需要的品质，而且还应成为遴选教师及引导高中生选报教育专业的最高标准。

2018 年 3 月 20 日

你怎么知道自己是优秀教师？

今天是凯茜老师给我们上课。上课伊始，凯茜老师播放了一段舞蹈视频，然后大方地和我们一位男同学跳起来。顿时，课堂氛围变得轻松、愉快、美妙。

跳完舞后，凯茜老师告诉我们，因为我们下周要访问学校，所以今天要做好关于访问学校的一些准备，其中之一就是大家要明确自己渴望了解英国教育的哪些方面。

我提出的问题是——

In generally, how do British schools evaluate their teachers?

即"一般情况下，英国学校如何评价他们的老师？"

凯茜老师在巡查时看到我的问题后，立刻对我竖起大拇指，夸我提出了一个"good question"。然后，凯茜老师直截了当地问我："Are you a good teacher?"（你是一个好老师吗？）我想也没想，半开玩笑地脱口而出："Of course, I'm a good teacher!"（当然，我是一个好老师。）听完后，凯茜老师追问我："How do you know you are a good teacher?"（你怎么知道你是一个好老师的？）

凯茜老师这么一追问，我瞬间慌了神：是呀，我怎么知道我是一位优秀教师的呢？

经过和凯茜老师沟通，我觉得评价一位教师是否优秀，可以从以下三方面进行考虑。

首先，优秀教师需要有优秀的反馈信息。

比如，学生如何评价我们？同事如何评价我们？家长如何评价我们？学校如何评价我们？我们是否从他们那里得到了优秀的反馈？

其次，优秀教师需要有优秀的教育结果。

比如，我们的教学成绩是否比同类班级的教学成绩优异？我们的学生是否在某一或某些方面比其他学生表现得更接近教育目标？我们成功地化解了哪些教育难题？我们是否改善了本学科、本年级、本学校的某一或某些工作？

最后，优秀教师需要有优秀的专业水平。

比如，我们是否认同、热爱、重视教师职业？我们的教学理念是否先进？我们的教学方法是否科学？我们的沟通水平是否高超？我们的组织能力是否卓越？我们的科研意识是否鲜明？我们的学习能力是否强劲？

以上三条，并不是并列关系，而是层层递进的关系，其逻辑顺序是"现象—结果—原因"，三者相辅相成，有机统一。也就是说，作为一位优秀教师，其评价是立体的，而不是单一的、线性的。具体可表示为下图：

对照这个标准看，要想成为一位优秀教师，并不是一件特别容易的事情。时下，我们对教师的评价，趋向于某一点、某一时，往往会"一俊遮百丑"或"一丑掩百俊"，缺乏全面性、长期性、系统性。

事实上，对于教师评价，有很强的主观性，很难做到完全意义上的公平公正。但是，这并不是说教师评价就不能做到尽量的客观、公正。比如，对于现象、结果及原因等，我们可以根据实际需求设计具体可操作的量表，分别给每项赋予一定的分值，这样就既能评价教师优秀与否，同时还可以给教师以明确的专业发展方向。

对此，我们可以慢慢尝试。

2018 年 3 月 23 日

英国卓越教师的标准是什么？

今天，华威大学的佩恩老师给我们分享了英国卓越教师的标准。为了避免因翻译造成的误解，特录原文如下——

1. Teachers demonstrate deep knowledge and understanding of the subjects they teach. They use questioning highly effectively and demonstrate understanding of the ways pupils think about subject content. They identify pupils' common misconceptions and act to ensure they are corrected.

2. Teachers plan lessons very effectively, making maximum use of lesson time and coordinating lesson resources well. They manage pupils behaviour highly effectively with clear rules that are consistently enforced.

3. Teachers provide adequate time for practice to embed the pupils' knowledge, understanding and skills securely. They introduce subject content progressively and constantly demand more of pupils. Teachers identify and support any pupil who is falling behind, and enable almost all to catch up.

4. Teachers check pupils' understanding systematically and effectively in lessons, offering clearly directed and timely support.

5. Teachers provide pupils with Incisive feedback, in line with the school's assessment policy, about what pupils can do to improve their knowledge, understanding and skills. The pupils use this feedback effectively.

6. Teachers set challenging homework, in line with the school's policy and as appropriate for the age and stage of pupils, that consolidates learning, deepens understanding and prepares pupils very well for work to come.

7. Teachers embed reading, writing and communication and, where appropriate, mathematics exceptionally well across the curriculum, equipping all pupils with the necessary skills to make progress. For younger children in particular, phonics teaching is highly effective in enabling them to tackle unfamiliar words.

8. Teachers are determined that pupils achieve well. They encourage pupils to try hard, recognise their efforts and ensure that pupils take pride in all aspects of their work. Teachers have consistently high expectations of all pupils' attitudes to learning.

9. Pupils love the challenge of learning and are resilient to failure. They are curious, interested learners who seek out and use new information to develop, consolidate and deepen their knowledge, understanding and skills. They thrive in lessons and also regularly take up opportunities to learn through extra-curricular activities.

10. Pupils are eager to know how to improve their learning. They capitalise on opportunities to use feedback, written or oral, to improve.

11. Parents are provided with clear and timely information on how well their child is progressing and how well their child Is doing in relation to the standards expected. Parents are given guidance about how to support their child to improve.

12. Teachers are quick to challenge stereotypes and the use of derogatory language in lessons and around the school. Resources and teaching strategies reflect and value the diversity of pupils' experiences and provide pupils with a comprehensive understanding of people and communities beyond their immediate experience.

对照英文，可简单翻译如下——

1.教师对他们所教的科目表现出深厚的学识和理解。他们高度有效地使用质疑，并展示了学生对主题内容的理解方式。他们能识别学生的普遍误解，并采取行动确保他们得到纠正。

2.教师非常有效地规划课程，最大限度地利用课堂时间、协调课程资源。他们制定了明确的规则，能高效地管理学生的行为。

3.教师有足够的时间组织练习，使学生的知识、理解和技能安全地嵌入其中。他们不断地引入主题内容，不断地向学生提出更高要求。教师能识别并支持任何落后的学生，并使几乎所有人都能赶上。

4. 教师在课堂上系统地、有效地检查学生的理解程度，为他们提供明确的指导和及时的支持。

5. 教师向学生提供深刻的反馈，与学校的评估政策相一致，学生们可以利用这些反馈做些什么以提高他们的知识、理解和技能。也就是说，学生们有效地使用了这种反馈。

6. 教师们设置具有挑战性的作业，与学校的政策相一致，并适合学生的年龄和阶段。巩固学习，可为升学做好准备，为将来的工作做好准备。

7. 教师将阅读、写作和沟通嵌入其中，并在适当的情况下，在整个课程中非常出色地运用数学，为所有学生提供必要的技能，以取得进步。特别是对于年龄较小的孩子来说，语音教学在使他们处理不熟悉的单词方面非常有效。

8. 教师们决心让学生们取得好成绩。他们鼓励学生努力学习，承认他们的努力，并确保学生对他们工作的各个方面感到自豪。教师对所有学生的学习态度一直抱有很高的期望。

9. 学生们喜欢学习的挑战，对失败有很强的适应能力。他们是好奇的、感兴趣的学习者，他们寻找并利用新信息来发展、巩固和加深他们的知识、理解与技能。他们在课程中茁壮成长，也经常有机会参加课外活动学习。

10. 学生们渴望知道如何提高他们的学习能力。他们利用书面或口头反馈来改进。

11. 家长们获得了有关孩子进步程度和其表现是否符合预期标准的明确与及时的信息。在如何支持子女提高教育水平方面，他们也得到了指导。

12. 老师们很快就会挑战刻板印象，并避免在课堂上和学校周围使用贬损的语言，反映并重视学生体验的多样性，并为学生提供超越直接经验的全面的对个人和社区的理解。

为了让大家更全面地了解英国教师的评价标准，下面将比较糟糕的英国教师对应的评价条目简单摘录如下——

1. Teaching is poorly planned.

2. Weak assessment practice means that teaching fails meet pupils' needs.

3. Pupils or particular groups are making inadequate progress because teaching does not develop their knowledge, understanding and skills sufficiently.

4. Pupils can not communicate, read, write or apply mathematics as well as they

should, so they do not make sufficient progress in their knowledge, understanding and skills, because they are unable to access the curriculum.

5. Teachers do not promote equality of opportunity or understanding of diversity effectively and so discriminate against the success of individuals or groups of pupils.

对应的，可简单翻译如下——

1. 教学几乎没有任何计划。

2. 薄弱的评估练习意味着教学不能满足学生的需要。

3. 学生或特定群体的进步不明显，因为教学不能充分发展他们的知识、理解和技能。

4. 学生不能像他们应该的那样交流阅读、写作或应用数学，所以他们在知识、理解和技能方面没有取得足够的进步，因为他们无法进入课程。

5. 教师不能有效地促进机会均等或不能有效理解多样性，因此歧视学生个体或群体的成功。

我以为，英国教师评价标准在叙述上与中国的略有不同，具体如下：

第一，英国教师评价标准中的项目基本都集中在课堂教学和学生行为表现上。正因如此，英国教师评价标准一般可以直接通过观摩、测验、访谈等方式进行测量，比较务实；而中国教师评价多半不容易被测量。

第二，通读英国教师评价标准，我们不难发现，英国教师评价标准中对热爱祖国、爱岗敬业、关心学生等内容几乎没有涉及，也没有关于师德的论述，这是一大特点。当然，没有师德要求不一定就代表英国教师头上没有紧箍咒，因为这些内容可能会融合在其他有关教师评价的制度或法律文献中。

任何文化，任何国度，教师所从事的都是教书育人的工作，来不得半点含糊。明白了教师职业的本质，我们就更容易理解他国或自家的教师评价标准。

（注：本文中所摘录的英国教师评价标准，均由 Ofsted 制定。）

2018 年 4 月 4 日

英国学校这样评价教师

今天，我们在惠特利学院了解到英国学校评价老师的方法。因为这所学校为考文垂当地的杰出学校，所以，他们的信息具有重要的参考价值。

那么，英国学校到底是如何评价老师的呢？

首先，学生成绩是评价老师的重要指标。

英国学生从小就要参加 SATS（Standard Attainment Tests）考试，即标准成绩考试，这项考试是一种全国性考试，旨在评估学生对基础学科知识的掌握情况，检测科目包括 3R（阅读、写作、算术）和科学，试题包括阅读理解、笔答题、算术以及对实验进行解释等，答卷由学校系统之外的考试机构评分。按规定，所有七岁、十一岁以及十四岁的英国学生（分别是学段一、学段二与学段三最后年级的学生）都要参加 SATS 考试，并被给予不同等级。

SATS 考试是非常重要的考试，是学生升学乃至就业的重要依据，学生、家长、老师、学校、社会等对此都非常重视。正因为如此，SATS 考试成绩也就理所当然地成为学校评价老师的重要依据。

如果大部分学生在 SATS 考试中都表现得非常糟糕，那么老师将面临被学校解雇的风险；如果学生的 SATS 考试成绩靠后，那么老师需要对此做出书面解释；如果个别学生的 SATS 考试排名非常靠后，那么老师同样需要做出书面解释，要证明自己对这位学生已经尽力了。

因为 SATS 考试是一种全国性考试，会给出学生的全国排名，所以，其可比性非常强，比中国学校自己安排的期中考试、期末考试恐怖多了，甚至比中考、高考更让人感到压力重重。此外，因为英国政府把提高学生学习成绩，特别是英语与数学成绩作为其全国教育目标的一部分，所以也想通过 SATS 考试来检测教学成绩的提升情况。

从以上各方面来看，英国老师在成绩方面的压力，并不比中国老师的小。

其次，学校重视同事、学生及家长等对老师的评价。

每一学年，惠特利学院都会组织面向每一位老师的测评活动，主要是组织同事、学生、家长等参与测评。通过这样的测评，学校可以全面了解老师的日常工作情况，包括学科教学水平、课堂教学的准备、学生的进步、家校联系等。

这些测量表，类似于中国学校的调查问卷。不同的是，中国学校一般只认真地组织面向学生的测评活动，即通俗意义上的"评教活动"，一般都没有面向同事的正式调查表，虽然中国学校也有同事互评之类的事情，但多是"印象分"或"关系分"；中国学校一般都特别重视家长的反馈信息，但面向全体家长的测评，基本上没有，更谈不上将其作为评价老师的重要依据。

从这一角度来说，英国学校的测评工作做得更加全面——同事测评，测出的是老师的专业素养；学生测评，测出的是老师的课堂教学水平；家长测评，测出的是老师的教育教学效果。这种全面系统的测评，可谓"三位一体"。这就告诉老师，不仅要重视 SATS 考试成绩，还要特别重视平时的教育教学工作。

最后，老师可以自由选择一项内容作为评价加分项目。

据惠特利学院的副校长介绍，这种加分项目，老师可以自由选择，比如艺术类考级证书、学术类发表或交流证书、信息技术考试证书，甚至是厨师资格证等等，都可以按照规定进行加分。这种加分项目，多是老师的兴趣、特长或者更高深的专业素养。

在中国，其实我们也有类似的评价项目，比如公开课、讲课比赛、论文获奖、专著出版、教育主管部门授予的荣誉等等，都可以作为加分项目。不同的是，在英国，项目是可以自由选择的，而在中国多是规定好的。

另外，在中国，评价一位老师，基本上不会考虑老师有没有厨师资格证这类事情，但是英国在评价老师时就会考虑这些看上去与教育风马牛不相及的事情。其实，这些事情对于学校的发展还是非常有意义的。比如，我们在惠特利学院听了一节烹饪课，但是那位老师并不是烹饪专业毕业，看来应该是业余考了"厨师资格证"，或者是厨艺特别出众，才愿意或者才敢于开设这么一门特别的课。事实上，如果一所学校有很多这样的"能人"，那么学校还愁开不出有特色的选修课吗？在这一点上，我们中国学校真的应该好好学学英国学校是怎么发挥老师特长和发掘老师的潜力的，不要什么老师都非要"科班出身"，那些"半路出家"的能手可能丝毫不比"科班出身"的差。

相对来说，中国学校对老师的评价，更重结果；英国学校对老师的评价，不仅重视结果，而且也重视过程。中国学校评价老师，除了考试成绩外，对于来自学生、同事、家长的反馈信息，则显得较为随意；而英国学校，不管是考试成绩，还是获取反馈信息，都显得更为规范。同时，中国学校一般不在意老师的特长，关注老师的面比较窄；而英国学校非常在意老师的特长，可谓对老师的评价更全面，也更人性化、科学化，更有价值。

总之，从以上事实来看，英国学校对老师的评价，是全面、立体的，甚至有些地方还显得颇为严厉，甚至是苛刻。同时，英国学校评价老师的方法，也有不少地方是值得中国学校好好学习的。

2018 年 3 月 27 日

放得开的英国教师

到今天为止,我们已经先后听了五位英国老师(两位男老师,三位女老师)的课。我发现在这五位老师身上有一个共同特征,那就是在课堂上都特别放得开。

什么意思呢?

以今天上课的佩恩老师为例。在听说我和另外一位老师是化学老师时,她一边夸张地说出"dangerous"这个词,一边长时间地睁大眼睛、张大嘴巴;每当课堂上响起音乐时,她不仅会跟着唱,而且还会随着音乐舞动起来;遇到自己不太清楚的信息时,她先是大方承认自己不了解,然后当着我们的面立刻查起维基百科来……

而第一次给我们上课的贾森老师,更是让我们喜爱有加。当提到年轻漂亮的女子时,他会呈现出"色眯眯"的表情;当讲课内容涉及一些动物时,他就会学着叫起来;当说起某些重要词语时,他就会认真地表演起来……简直把课堂变成了肆意表演的舞台!

显然,佩恩老师和贾森老师都显得特别随意,一点也不刻意掩饰什么。换句话说,他们既不"装",也不"威"。其他几位英国老师也是这样,就这么率真,就这么放得开。

和这些老师相比,我觉得我在课堂上完全没有放开。那么,我为什么放不开呢?显然,说得直白些,我在课堂上是有点"装"的——有时会回避一些事情,以免自己做不好;有时会强化一些事情,以彰显自己的牛气;有时会板起面孔,以在学生面前树立起威信;有时会挖空心思把课讲得特别出彩,以让自己更像老师……这些"装"仿佛链条,捆绑着我的手脚,让我极度"放不开"。

然而，继续思考下去，我觉得这还不是最本质的原因。

孔子和苏格拉底几乎算是同一时代东西方最伟大的哲学家与教育家，但是，他们与学生的交流方式几乎完全不同。孔子与弟子的交流一般是单向的，即由孔子向弟子"传道授业解惑"；而苏格拉底则采用"产婆术"，通过不断追问，引导学生通过讨论甚至是辩论的方式来揭露双方认识中的矛盾，从而让学生自己归纳出正确答案。

这两种方法，隐含着两种对老师的不同需求。对于孔子式的老师，需要"真理在握"，这样才能传道授业解惑；对于苏格拉底式的老师，需要平等交流，这样才能激发学生深入思考。真理在握的老师，自然要高人一等，最好能"尽善尽美"；平等交流的老师，自然要平起平坐，最好能"美美与共"。

孔子和苏格拉底都是伟大的老师。但是，孔子在无形中希望后辈老师具有"完人"形象，这给老师提出了太高要求；而苏格拉底在无形中则为后辈老师松了绑，让老师以更轻松的心态面对职业。"做不到，而装成做得到"，是教师职业的通病，也是当下多数人的通病。

我们受孔子的影响太大，以致处处力求做到完美。如果自身能力比较突出，那么自然可以"潇洒自若"；如果自身能力平平，那么只能通过"装"来维护脆弱的"完人"形象了。这样做老师，还谈什么放得开呢？

而英国老师自然受苏格拉底的影响比较大，根本不需要把自己装得多么完美。他们只需要在轻松愉悦的环境中呈现出问题，然后引导学生去探究、去讨论、去总结，让学生真正参与到课堂上来。这样的老师，当然放得开了。

因此，一位老师能否在课堂上放得开，和自己对教师形象的定位有密切的关系。你想成为什么样的老师，就会有意让自己成为那样的老师。如果不能成为那种理想的老师，那么就只能"一本正经地装"了。

2018 年 3 月 22 日

三个"open"

在我们刚来到英国时,华威大学的老师们就给我们讲了三个"open"——open your eyes, open your mouth, open your mind,翻译过来是"打开你的眼睛,打开你的嘴巴,打开你的心灵"。今天,凯茜老师又给我们说起这三个"open",这无疑加深了我对此的理解。

在三个"open"中,"open your eyes"放在第一位,我觉得是有道理的。我们对世界的理解,源自"看"来的信息。"open your eyes",意在让我们多看,看什么呢?一方面对我们熟悉的环境更细致更深入地看,看是否有新的发现,避免麻木;另一方面是看我们不曾看过的环境,让我们获取更丰富更全面的信息,以免成井底之蛙。概括起来讲,"open your eyes",旨在引导我们开阔视野,让我们有更加宽广的眼界。

"open your mouth"放在第二位,显然是对"open your eyes"的结果进行完整且准确地呈现——看到了什么,你就要说什么。为什么要说呢?看是丰富自我世界,说同样是丰富自我世界。在言说的过程中,分享、交流、讨论乃至碰撞,我们同样能获得新鲜的信息,这当然会丰富我们已有的世界。同时,说既是沟通的基础,又是打开自己的方式;敢说会说,不仅会大大提升一个人的沟通水平,还会让一个人变得更加开朗。这关系到一个人的生活质量。可见,"open your mouth",旨在引导我们通过表达而变得更加开朗,让我们做更加开放的自己。

"open your mind",直译过来是"打开你的心灵"。我觉得,它至少包含三层含义:一是我们的思维要开放,要有多视角、多途径、多文化的思维,不要固执一端;二是我们的观念要开放,要善于接纳新事物、新潮流、新思想,不要故步自封；三是我们的心胸要开放，对于不同的思维、观念及文化，要有包容心，不要唯我独尊。显然，一个人只有敢于、善于"open your mind"，才能紧跟时代步伐，才有机会走在时代前沿，才不会被时代抛弃，才有机会通过改变让自己更加强大。鉴于此，"open your mind"，旨在引导我们敞开自己的心灵以及时接纳更新的世界，让我们更具发展智慧。

今天，为什么三个"open"会引起我的注意呢？

我想，这与凯茜老师的戏剧课有关，因为这节戏剧课让我看到了一个更"open"的自己。而这个更"open"的自己，与理想的自己更加靠近。

此外，我还想到了一个关于教师形象的问题。

如果让你用几个词来概括当下教师的群体形象，你会用哪几个词？

一项调查表明，人们除了用温暖、认真、负责等几个褒义词来形容老师外，有时还会用斤斤计较、色厉内荏、婆婆妈妈、自以为是、呆板固执、落后守旧、善于伪装、心胸狭窄等带有贬损意义的词语来描述老师的形象。事实上，如果某位老师不幸给学生、家长或同事留下这种不良形象，那么多半是不够"open"造成的。而那些比较"open"的老师，多是非常受学生、家长和同事欢迎的。

我不能说，一位优秀的老师，一定是非常"open"的老师；但是我可以肯定地说，一位老师如果努力更"open"，一定可以变得更加优秀。不得不说，"open"，已经慢慢成为新时代优秀教师的典型特征。

让我们"open our eyes, open our mouth, open our mind"，力争做一位更加"open"的老师，为自己，为教育，也为明天。

2018 年 4 月 6 日

我们要做实践者

今天，在东青初级学校访问期间，我随手翻阅了该校订阅的一份教育杂志。其中，我看到了一位小学校长在一篇文章中这样说——

"教书是一种艰苦的工作，通常你是与困难作斗争。但是，它仍然可以带来巨大的乐趣。我给老师们的建议是：你是实践者。学生的成功或失败，可能是因为你做的事情，而不是因为你的幻想。"

这位校长曾做过类似班级管理的工作，也曾获过教学奖。从这位校长的简介来看，他的经历是比较丰富的，也取得过不错的教学成绩，算得上是一位"优秀教师"。那么，他遇到的情况是什么呢？上述这段话，我觉得至少传递出三方面的信息——

首先，教书是一份有困难的工作。

在上述文字中，这位校长坦诚教书的艰苦、富有挑战、常常失败等普遍特征。这一点，我想与我们面临的情况是相似的。此外，我们还必须注意一个隐含信息：这位老师已经做到了校长，而且还是教学奖获得者。这说明这位老师是非常优秀的，这么优秀的老师都感觉到教书有困难，就更不要说其他老师了。由此可见，教书的困难，是普遍存在的问题，并不是中国独有的。

其次，教书是可以带来乐趣的。

教书到底可以带来什么乐趣？这段文字并未提及。但是，这并不妨碍我们理解。教书有什么乐趣呢？一方面，与相对单纯的学生交往，看着学生一天天成长，和不同的学生一起玩耍，感受学生的欢声笑语，这本身就是特别有趣的事情；另一方面，当你用心工作的时候，探索出一种又一种新颖的教学方法，这些教学方法可能并未成功，但这依然消减不了你投入研究时所获得的乐趣。

我想，不管是哪个国家，这些乐趣都是共通的。

最后，老师要做实践者。

正如文中所说，学生的成功或失败，与我们所做出来的事情有很大关系。学生的成长，不是我们幻想出来的，而是通过一步一步稳扎稳打的实际工作孕育和生成的。也就是说，我们要做实践者，不断把教学想法变成现实。虽然我们会屡屡失败，但是我们依然不能放弃持续的实践。

上述这三点，我认为都非常重要，因为这三点有助于大家形成相对合理的教学观。同时，我也认为，我们需要深入理解第三点：老师要做实践者。我为什么要强调这一点呢？

一方面，我们容易因为实践的失败而停止实践。

事实上，很多老师都是愿意实践的。但是，当进行了一定量的实践后，我们发现这些实践都失败了，没有多大意义，于是就被这种糟糕的实践结果羁绊了，不愿意再去实践。在这一点上，我的观点是：失败的实践也是实践。正如爱迪生在听到别人问他"你曾用过上万种材料做灯丝，但都没有成功"这个问题时所回答的一样："我并没有失败，我只是成功地发现了有一万种材料不适合做灯丝而已。"

发明的失败，算是另一种发明的成功。同理，教学实践的失败，也算是另一种教学实践的成功。从这个角度来说，我们不应该惧怕教学实践的失败，因为每一次教学实践的失败都让我们离成功越来越近。

另一方面，我们有太多新颖的想法没有去实践。

在和很多老师交流的时候，我发现他们有很多特别新颖的想法，但却没有把想法变成现实，或者说没有把想法付诸实践。他们之所以没有去实践，主要是担心自己没有充分的条件去实践。事实上，好的教学方法永远不止一种，此路不通，我们可以换条路。此外，很多人过于夸大政策或制度的障碍，往往一想到这些就不敢前行了，实际上当下的教学工作还是比较自由和自主的——在课堂上到底采用什么样的教学方法，我们基本上是可以做主的。

当然，鼓励大家实践，并不是要大家随意实践，而是要大家"小心设计，大胆实践"。大胆实践的前提是小心设计。没有任何设计的实践，或者随心所欲的实践，不是我们所倡导的实践，因为实践关乎"学生的成功或失败"。

总之，学生的成长不是幻想出来的，教学的乐趣不是幻想出来的，教育的成就也不是幻想出来的。丢掉幻想，一步一步地系统实践，才是正道。一句话，教学的成功都是实践出来的，我们要勇敢地做持之以恒的教学实践者，正如文中那位外国校长说的一样。

2018 年 5 月 1 日

我们要好好保护孩子

今天，华威大学的庄老师给我们带来了一节名为"Online Safety"（网络安全）的课，让我们对英国教育对孩子的保护力度有了特别深刻的感触。

在课上，庄老师给我们讲了一个特别的事例：和孩子（十六岁及以下）谈论有关性爱的话题，或者出现了有关性爱的暗示，就会被监禁两年。从这一点来看，英国对孩子的保护力度确实非常大。庄老师说，因为英国特别重视保护儿童，所以在刚进入21世纪的时候，就对儿童可能涉及的网络色情、网络暴力、网络欺凌等问题做了全面的调查研究，并制定了相关的学校管理制度。

比如，不管是小学，还是中学，学校都需要与学生签订一份关于儿童安全使用网络的协议，具体内容如下。

负责任的互联网使用规则（小学）

这些规则有助于我们公平地对待他人，保护每个人的安全。

1. 在使用互联网之前，我会先征得许可。
2. 我只使用我自己的网络登录名和密码，这些是秘密。
3. 我只会查看或删除我自己的文件。
4. 我明白，未经许可，我不能将软件或磁盘带进学校。
5. 我只会给我认识的人发电子邮件，或者是我的老师同意的人。
6. 我发送的信息将是有礼貌而且明智的。
7. 我明白，我绝对不能给别人我的家庭地址或电话号码，也不能单独与陌生人见面。
8. 在打开不认识的人发送给我的电子邮件或电子邮件附件之前，我会先征求许可。

9. 我不会进行网络聊天。

10. 我看到任何我不高兴的事情，或者收到我不喜欢的信息，我会立刻告诉老师。

11. 我知道学校可能会检查我的电脑档案和我看过的网站。

12. 我明白如果我故意违反这些规则，我可能不被允许使用互联网或电脑。

负责任的互联网使用规则（中学）

为保护学生，学校为教师和学生制定了电脑使用规则。

1. 不负责任的使用可能导致人为的损坏。

2. 必须通过用户的登录名和密码进行网络访问，不能将密码给任何人。

3. 学校的计算机和互联网只为学生的教育或教师的专业活动服务。

4. 版权和知识产权必须得到尊重。

5. 电子邮件应该谨慎和礼貌地编写，尤其是当邮件可能被转发或打印并且被意想不到的人看到时。

6. 用户对他们发送的电子邮件和联系人负责。

7. 匿名信和连锁信件是不允许的。

8. 聊天室是不允许使用的。

9. 学校的信息系统不能因私人目的而使用，除非校长允许使用。

10. 不允许用于个人经济利益、赌博、政治目的或广告。

11. 必须尊重信息和通讯系统的安全，将电脑用于系统所有者不允许的目的是犯罪行为。

这两份文件都是在2004年制定的，应该说是非常早的。更难能可贵的是，这两份规则都是在教会学生安全使用网络的基础上来保护学生的，并不禁止学生使用网络。对于这一点，我们在访校的过程中也有非常大的感触。英国学校普遍允许学生带手机，但是在听课的过程中，我们几乎没有发现学生在课堂上玩手机的现象。从这一点来看，英国对学生使用手机的引导方法是非常有效的，而学生对规则的遵守力度或者学生的自控力都是非常高的。

通过学校和家长对学生如何正确使用网络的引导与监督，英国实现了对孩子的保护，尤其是在网络欺凌、网络交友方面，有效避免了很多学生被侵害，对保护孩子做出了最大的努力。这一点，是值得我们学习的。

总之，任何一位儿童受到任何伤害，代价都可能是无比惨痛的。保护儿童，做到任何程度都不会过分。有时，我们说儿童是祖国的未来，但是我们真的把儿童保护做到极致了吗？这值得我们深入、系统地进行思考。

2018年5月2日

做有诗人韵味的教师

4月24日,华威大学的凯茜老师给我们带来了一节关于诗歌创作的课;今天,凯茜老师要求我们创作一首诗,而且还要用英语来写。而我,一直以来都特别喜欢诗歌,2006年前后还曾创作了近百首诗(包括古体诗和现代诗),近些年因为缺乏适合的创作方法而搁置。

尽管如此,现在的我依然梦想着能写出好诗来。正因如此,我对凯茜老师的诗歌创作课程特别感兴趣,并打算尽最大努力创作一首让自己满意的现代诗。但因为语言的问题,我并未从凯茜老师的课程中收获很多。

那么,我要怎么去创作一首现代英语诗呢?

此刻,我想到了借鉴,于是想到了英国伟大诗人拜伦的一首诗。

I saw thee weep

I saw thee weep—— the big bright tear
Came out that eye of blue;
And then me thought it did appear
A violet dropping dew;
I see thee smile—— the sapphire's blaze
Beside thee ceased to shine;
It could not match the living rays
That filled that glance of thine.

> As clouds from yonder sun receive
> A deep and mellow dye,
> Which scarce the shade of coming eve
> Can banish from the sky;
> Those smiles unto the moodiest mind
> Their own pure joy impart;
> Their sunshine leaves a glow behind
> That lightens on the heart.

该诗翻译（查良铮译）如下——

《我看过你哭》

> 我看过你哭——一滴明亮的泪
> 涌上了你蓝色的眼珠；
> 那时候，我心想，这岂不就是
> 一朵紫罗兰上垂着露；
> 我看过你笑——蓝宝石的火焰
> 在你前面也不再发闪，
> 呵，宝石的闪烁怎能比得上
> 你那一瞥的灵活的光线。
>
> 仿佛是乌云从远方的太阳
> 得到浓厚而柔和的色彩，
> 就是冉冉的黄昏的暗影
> 也不能将它从天空逐开；
> 你那微笑给我阴沉的脑中
> 也灌注了纯洁的欢乐；
> 你的容光留下了光明一闪
> 直似太阳在我心里放射。

对于这首特别温情的诗,我读出了作者对一位年轻、美丽、高贵的女子的倾慕,也读出了作者热烈的浪漫主义情怀。诗中的女子,不管是哭,还是笑,都是极富魅力的;而作者既对诗中女子倾慕有加,又对诗中女子爱怜万分,仿佛遇见了久久苦寻的知音。显然,这样的女子,让作者怦然心动且热血沸腾,给作者注入了鲜活的力量。

　　拜伦的诗歌,我自然是读不透的,但仍能感觉到作者对女子的刻骨铭心的爱恋之情。无疑,这首诗给了读者无限的遐想,让每一位读者都能在心中想象出一个无与伦比的女子,并给予读者追求和爱惜这位女子的无限憧憬。我想,这就是这首诗所蕴含的伟大力量吧。

　　今天,我也写了一首现代诗,并邀请"朋友圈"中可能会写诗的好友帮我修改润色。无奈的是,喜欢诗的人可能很多,但是,会写诗的人的确不多。于是,我只能呈现完全属于我的,但可能颇显粗糙的作品。大家见笑了。

《你在我的梦中》

我遇见一片树林,宽广而幽深,
而夕阳的微光,惬意地穿梭其间,
将那一枚又一枚初春的嫩叶
装扮成少女的眸子,明亮又清澈。

我不知身在何处,无意间
走在春天悄悄的复苏里,
走啊,走啊……在不远的前方
是否有一颗热忱的心在等待。

风,那明亮又轻快的微风
牵着小径边绿草和野花的手,
让整个世界为我们舞蹈,
舞出我的信仰,舞出你的青春。

在等，在等，像朝阳每日

坚定地爬过海岸；像月亮每晚

深情地恋上枝头；而我就这样

等一个完整而烂漫的春天。

You are in my dreams

I meet a grove of trees, broad and deep,

And the light of the setting sun,

Dress up the first leaf of the first spring

As the eyes of a young girl, bright and clear.

I don't know where I am, unintentionally

Walking in the spring quietly,

Walking, Walking... It's not far ahead

Is there a fervent heart waiting.

The wind, the bright, airy breeze

Hand in hand with the green grass and wild flowers along the path,

Let the whole world dance for us,

Dancing my faith, dancing your youth.

Waiting, waiting, like the morning sun

To climb firmly over the shore; Like the moon

Passionately in love with the branches; And that's what I do

Waiting for a complete and full spring.

对于这首诗，我想表达什么呢？

从表面上看，我是在写青春年少的男子，在彷徨中期待着遇见自己的梦中情人，并开始一场两情相悦的真正爱情。第一节，主要是写男子对爱人和爱情的期盼；第二节，主要是呈现男子略显彷徨但绝不丧失希望的灵魂；第三节，主要是描述男子心目中爱情的样子；第四节，主要是揭示男子追求理想爱情的决心。

事实上，我还想表达另外一层含义，那就是将男子的爱情推而广之到男子的梦想，表明男子就像虔诚地对待爱情一样来对待自己的梦想。或者说，爱情和梦想是男子的双翼，一个真正的男子不能以游戏的态度对待爱情和梦想，既要追求真正的爱情，又要追求真正的梦想，并下定决心朝着理想迈进，绝不轻易地作践自己。

不知道，我的诗是否能表达出这些意义？

当然，这些都不重要。重要的是，我想做一位有诗人韵味的老师。

诗人韵味到底是什么样的韵味？我想，诗人韵味至少包含以下十点：浪漫而非功利；高贵而非低俗；高远而非短视；热情而非冷漠；儒雅而非暴戾；博学而非粗陋；智慧而非愚笨；专一而非反复；纯净而非圆滑；笃志而非无梦……这样的韵味，难道不是一位优秀教师应该有的韵味吗？

从这个角度来讲，当下的教育臭气熏天，当然是和教师缺失诗人韵味有莫大的关系。很多人常常说教师要多读书，其实我说教师最先读的应该是诗；很多人常常说教师要多写作，其实我说教师最先写的应该是诗；很多人常常说教师要做教育家，其实我说教师最先做的应该是诗人……因为诗人的韵味是优秀教师的底色。

2018 年 4 月 27 日

学做会演讲的教师

今天，华威大学的凯茜老师给我们带来了一节关于如何利用声音的课。凯茜老师不仅带领我们练习了音调变化、停顿等待及情感酝酿等重要技巧，而且还分享了很多经典的文学片段或演讲片段，让我们在丰富的练习活动中有了更深刻的体验。

比如，凯茜老师先是组织我们发出"啊""呀""咦"等声音，让我们围成一个圈，反复大声练习。在这个过程中，我们都放得很开，跟随凯茜老师进行非常夸张的练习。练习完这些发声后，凯茜老师展示了一段长长的猫咪的叫声，让我们也学猫叫，并看谁"叫"的声音最响亮、最长久。这种开场活动，非常有趣，让我们感到特别放松。

紧接着，凯茜老师让我们每个人选择一个自己喜欢的单词，我们选择了 ok、food、happy、delicious 等词语，凯茜老师就按照音节的多少，让我们围成一个圈，按照顺、逆时针或者从不同同学开始的方式组织我们"说"单词。这种练习，显然能让我们敢于张开嘴巴。

之后，凯茜老师用一段话，让我们注意运用"pause"（暂停）、"change of intonation"（语调的变化）、"lengthen the final syllable"（延长最后的音节）等三个表达技巧，并让我们边走动边练习。我发现，当我们注意使用这些技巧的时候，的确可以产生更好的演讲效果。

然后，凯茜老师带着我们演练了林肯和马丁·路德·金的著名演讲。最后，凯茜老师组织我们表演《罗密欧与朱丽叶》里的一段对话，并让我和她一起做示范，这可难倒了我。我最不在行的就是表演。经过反复的训练之后，我的表现勉强合格。不过，这种体验确实非常难得。在课程的结束阶段，凯茜老师让我们逐个表演罗密欧的"to be or not to be, that is the question"这句经典台词。同学们的精彩表现，获得了凯茜老师的不断点赞。

……

这些年来，我早就认识到演讲对于老师的重要性，但一直不善于演讲，甚至是不善于说话。比如，我不善于说出特别鲜活、灵动的俏皮话，而这是增添课堂趣味的不二法宝；我不善于和别人闲聊，很多时候总是一本正经地讲话，这让我不能与更多学生建立起亲密的师生关系；我的脑袋瓜子转得比较慢，很多时候不能快速且准确地理解学生说的话；我的表情可能比较僵硬，有时会传递出错误的信息，以致让学生误解了我……

这些年，我一直被说话这个问题困扰着，总感觉一直"放不开"，不敢或者不会畅快地说话。当然，我知道这可能是我过于内向的性格使然；同时，我也知道，这不仅让我不能成为更卓越的老师，还让我失去了太多与学生交往的乐趣。不善于说话的问题，不仅阻碍了我的成长，还降低了我作为教育工作者的幸福感。

从这些角度来看，我觉得凯茜老师的这节课对我非常重要。当然，我从未祈求一节课就能让我变得善于说话，甚至是长于演讲。但是，当凯茜老师把我喊到课堂中央反复演练的时候，我仍然能找到一种慢慢释放、逐步打开、不再有顾虑的感觉，而这些正是我需要加强体验的。或许，这节课会成为一扇小窗，让我看到不一样的自己；也或许，这节课会变成一条小路，让我在无意间走上不断提升说话水平的道路。

我觉得，会说话是会演讲的基础。卓越的老师，需要成为更优秀的演讲家，因为出色的演讲总能打动人、感染人、影响人，就像马丁·路德·金的《我有一个梦想》的演讲一样，推动美国黑人民权运动。当我们面对学生时，我们也需要这样富有感召力的演讲。显然，如果我们是优秀的演讲家，那么我们无疑就多了一条重要的影响学生成长的途径。

我希望做一位会演讲的老师。

2018年5月10日

做有领导力的教师

今天,华威大学的佩恩老师给我们带来了一节名为"Teachers as Leaders"(即"教师作为领导者")的课程,并跟我们分享了提升教师领导力的十项措施。

这十项措施分别为:

1. Teacher leaders are fostering a collaborative culture to support educator development and student learning.(教师领导者会培养一种协作文化,以支持教育工作者的发展和学生的学习。)

2. Teacher leaders cultivate community in the classroom and school.(教师领导者会在课堂和学校中培养社区文化。)

3. Teacher leaders differentiate instruction to meet student needs.(教师领导者会因材施教以满足学生的不同需要。)

4. Teacher leaders use the latest and best methods and strategies.(教师领导者使用最新的和最好的方法与策略。)

5. Teacher leaders are active members of professional learning communities.(教师领导者是专业学习社区的活跃成员。)

6. Teacher leaders reflect and grow.(教师领导者会自主反思和自我成长。)

7. Teacher leaders are shaped by assessments and data.(教师领导者是由评估和数据而不断发展塑造的。)

8. Teacher leaders communicate with parents and stakeholders.(教师领导者会与家长和学校理事或利益相关者沟通。)

9. Teacher leaders are involved in the community.(教师领导者会参与社区活动。)

10. Teacher leaders see the big picture behind education systems.（教师领导者能看到教育系统背后的宏伟蓝图。）

因为语境不同，所以，我们在理解这十项措施时可能需要转换语境。对此，我是这样理解的。

对于第一点，我们在开展工作时，需要发挥团队作用，尤其是像学科组、备课组，更需要碰撞及分享，而有领导力的老师，则会让团队体现出应有的价值。同时，每一个团队都需要有共同的愿景，而且需要团队协作实现，形成富有凝聚力的团队，这也是教师富有领导力的重要体现。

对于第二点，社区是普通人的基本群居形式，是居民生活的主要场所，需要居民共同建设，同时也包含重要的教育资源。基于此，富有领导力的教师，在日常的教学工作中会有意整合社区教育资源，让学生关注社区、了解社区、建设社区。

对于第三点，主要是讲因材施教的问题。在我所参观的英国学校里，即便是在小学，他们也会根据学生的不同学业水平，将学生分到不同的班级，并开展分层教学。同时，对于成绩非常薄弱的学生，老师一般都会给学生"开小灶"，并在课堂上时不时关注学生的学习状况。如果这属于教师领导力的话，我想这主要是想表达教师在对学生充分了解的基础上给予学生更有针对性的帮助，从而领导学生更好地发展。

对于第四点，教师领导者使用最新和最好的方法，一方面，说明教师领导者需要走在教育教学研究和探索的前沿；另一方面，教师领导者需要发挥示范作用。也就是说，教师领导者必须保持自身的专业性和先进性，才能成为真正的教师领导者。

对于第五点，何谓专业学习社区？其实，这种专业学习社区就相当于我们的备课组、学科组、名师工作室等。在这些专业学习社区，教师领导者要成为活跃成员，积极交流，积极发言，积极分享，要感染其他成员，起到带头作用。

对于第六点，由第四点可知，教师领导者要保持自身的先进性。那么，教师领导者如何才能保持自身的先进性呢？显然，教师领导者需要更自主地反思、学习和成长。这是教师领导者保持自身先进的基础，当然也是教师领导者需要保持的专业品质。

对于第七点，这一点非常重要，因为它说明了教师领导者的认定标志。教师领导者必须扎根教育教学实践，通过权威的评估和可信的数据来呈现自己的先进性。教师领导者要在教育教学实践中做出显著的实绩，这样教师领导者才具有说服力。

对于第八点，教师领导者要主动与家长、学校领导沟通。这里的沟通，包括介绍工作方法、说明工作困难、寻求通力合作以及获取专业指导等方面，同时在家长和领导方面形成积极影响。时下，我们可能与家长沟通比较多，但是与领导沟通比较少，这是我们需要加强的，因为任何一次沟通都能让领导了解我们的工作现状，同时让彼此从沟通中受到相应的影响。这也是教师领导者工作的一部分。

对于第九点，教师领导者参与社区活动，一方面，可以更好地整合社区教育资源，让学生真实地走进社区；另一方面，也能更好地服务于社区，让社区与学校更好地协同起来。教师领导者不能把自己局限在小小的校园内，要走出校园，走进更广阔的天地，让教育有更广阔的视野。

对于第十点，简单来说，就是教师领导者要有追求，是为了一个梦想而有计划地开展工作，并不是漫无目的。当然，教师领导者要想看到教育的宏伟蓝图，一要了解教育现状，二要通过对教育规律的发展预测未来教育发展的美好方向。这个蓝图，不是简单的梦，而是科学的梦。这个梦包含着非常高的专业要求。总体上看，这一点既要求教师领导者有情怀，又要求教师领导者很专业。这是非常高的要求。

综上所述，不管是在英国，还是在中国，要想成为教师领导者，都需要更多专业工作做基础，并且确实在学习、工作、社区乃至教育领域都拥有卓有成效的工作，给同行们带来了一系列积极的影响，具有名副其实的"领导"价值。

2018 年 5 月 15 日

领导力的修炼需要健康

今天，华威大学的佩恩老师给我们带来了"如何修炼教师领导力"的课程，其中特别分享了苏格兰大学关于提升教师领导力的研究报告。

该研究报告认为，修炼教师领导力，主要从四个方面努力：values and commitment（理想信念）；learning and teaching（教学艺术）；high expectations and ambition（高期望与抱负）；communication and collaboration（交流与合作）。

在理想信念这块，研究报告特别提出："Teacher leaders are aware of the importance of their own health and wellbeing and strive to maintain a healthy work/life balance."（教师领导者要意识到自己的健康和幸福的重要性，并努力保持健康工作和生活的平衡。）

当读到这一点时，我对这份研究报告产生了浓厚的兴趣，因为它对教师有温馨的"人文关怀"，让教师意识到自己的健康非常重要。我觉得，这至少有四点意义。

首先，鼓励教师保持自身的健康。

鼓励教师保持自身的健康，其中既包括身体的健康又包括心理的健康。撇开了健康的身体和心理，教师的领导力就无从谈起。因此，教师要加强身体锻炼，同时也注意时常调适内心的压力，以拥有健康的心理。

其次，不提倡以牺牲健康的方式来工作。

教师是需要奉献的职业。在很多场合下，人们都趋向于教师能多奉献，不计报酬甚至是牺牲自我（包括时间、身体、心理、家庭等）。显然，这种畸形的希望，对教师来说是极为不公平且非常缺乏人性关怀的，是对教师身心的过度开采，是不会长久持续的。

再次，健康同样是教师领导力的一部分。

教师领导力的本质是教师影响力。健康为什么属于教师影响力的范畴呢？众所周知，教师职业的显著特色就是教师要为学生的学习和成长做出示范，或者说教师在自然而然中就会成为学生学习的榜样。教师的健康，同样是一种示范和榜样。也就是说，教师的健康，既是工作的基础，也是工作的一部分。

最后，引导教师要过健康的生活。

很多有关教师的评价及培训，一般都是讲"专业"的，从不涉及教师的生活。事实上，绝大多数教师是非常忙碌的，往往是离家时天未亮，回家时天已黑，一天到晚几乎都泡在工作上，几乎没有什么"生活"，更谈不上有什么高品质的生活。而这份报告强调教师要平衡好工作和生活，突出了教师过有品质的生活的重要性。这同样是非常难得的。

总之，关于教师健康的描述，对于教师来说，是高质量的工作要求，也是高质量的工作指南；是绿色的健康方向，也是可持续的美好愿景；是充满人性化的关怀，也是温暖有爱的呵护；值得教师举双手赞成，也值得教师在日常的工作和生活中扎实践行。

期待中国能早日拥有类似的研究报告或政策文件！

2018 年 4 月 17 日

辨清基础性与学术性

今天下午，华威大学的杰勒德教授继续给我们分享有关评估的课程。

在上一次课程中，杰勒德教授展示了关于教育评估的一张经典图片：猴子、大象、老虎等动物参加爬树考试。在今天的这节课中，杰勒德教授再次拿出这张图片。我对这张图片有不同的看法。

事实上，这张关于教育评估的经典图片，主要是想告诉我们"人和人是不一样的，我们不能拿同一把尺子来测量不同的人"。对此，我是完全赞同的：一千个人眼中有一千个哈姆雷特，世界上没有两片完全相同的树叶；尊重个体的差异性，提供针对性培养计划，是开展教育工作最基本的规律。

然而，我们必须客观分析以下两个问题。

第一，人和人的差距是否与猴子和大象的差距相似？显然，人和人属于同一个物种，而猴子和大象属于不同物种，用猴子和大象的差距比拟人和人的差距，其实是不够准确的，或者说是不够严谨的——所有正常的猴子都可以爬树，所有正常的大象都不能爬树；但是，对于人来说，只要不存在相关的生理缺陷，经过练习后，都是可以爬树的。这样一分析，我们就可以看到，猴子和大象的差异，与人和人的差异，是不能完全比拟的。

第二，为什么大家都要去爬树？在这张关于教育评估的经典图片中，"爬树"代表"教学目标"，"动物们"代表不同的"学生"，"动物们参加爬树考试"代表"采用同一个标准来考查学生"。然而，我们要问，爬树为什么会成为大家共同的目标？猴子需要爬树，大象需要爬树吗？显然，大象并不需要爬树。既然大象不需要爬树，那么我们为什么让它们参加爬树的考试？也就是说，爬树本身没有错，错的是组织者。只要能满足人类生存、生活、生产需求的技能，都可成为教学目标,显然"爬树"等意向并不完全在此列。

从以上分析来看,我们会发现这张经典图片,存在比较严重的逻辑问题,并不能完全呈现学生差异性评估需求与学生被同一标尺评估的矛盾。那么,我们到底应该如何理解学生的差异性与同一标尺评估的问题呢?

首先,我们要确定好目标。

比如,时下,很多地区把体育纳入了中考,其考查项目一般都包含跑步。我认为,跑步项目进入体育测试是完全合理的。为什么?跑步作为基础性锻炼身体及放松心灵的手段,非常重要,又没有什么门槛。只要没有相关生理缺陷,学生都可以做到。

其次,我们要分析好目标参数。

我仍以跑步为例,中考体育是面向全体学生(有相关生理缺陷的学生除外)的考试,其目标是大众性跑步目标,而非选拔高水平运动员。因此,学生只要能满足基本的跑步要求,就可以拿到较高的分数,这并非要求学生完成不可能达成的目标,比如让大象爬树那样的目标。像这样的大众性跑步目标,只要我们确定的参数是合理的,那么全体学生(有相关生理缺陷的学生除外)就应该达标。

最后,我们要提供更多选择性目标。

以2017年深圳市体育中考方案为例,该市体育考试仍采用"1+1"的方式,即一个必考科目加一个选考科目:必考科目包括200米跑、女子800米和男子1000米中长跑,考生可在200米跑和中长跑中自行选择一项作为必考科目;选考科目由考生在女子800米跑、男子1000米跑、立定跳远、女子一分钟仰卧起坐、男子引体向上、投掷实心球、一分钟跳绳、篮球半场来回运球上篮和100米游泳等九个项目中任选一个进行测试,但选择中长跑为必考科目的学生,不能再选择中长跑为选考科目。

可见,该市中考方案充分考虑到了学生的差异性,在引导学生满足基础性要求的情况下,给学生提供了广泛的自由选择空间,以让更多学生在适宜的项目中绽放光彩,同时也给日常的体育课程开设及学生选修体育课程模块指明了方向。

综上所述,我们在研究评估问题时,必须考虑到学生的差异性,同时务必辨析清楚人人都要达到的基础性目标与少数人或极少数人才能达到的学术性目标之间的区别，不要将基础性目标与学术性目标混为一谈，更不能将基础性目标与学术性目标用错地方。

比如，作为普通高中毕业生，只需要了解基本的化学知识就行，但选择化学学科专业或相关专业的学生，就必须有深厚的化学学科素养。前者是基础性目标，后者是学术性目标。理解清楚基础性目标与学术性目标的区别，我们就不会陷入差异性评估的恐慌中了。

2018 年 4 月 10 日

英国教师是这样上课的

昨天和今天,我们在惠特利学院听了近十节课。总体来说,这些英国老师的上课思路大同小异。现以一节名为"压强"的物理课为例,原汁原味地展示英国老师的上课思路。

这节物理课由一位年轻的女老师执教。

在我们走进教室后,这位女老师将教学目标写在了白板上,大意为"了解压强的概念,理解压强与压力、面积之间的关系"。同时,她还分发了学案。

上课后,这位女老师给学生播放了一段视频:三个人驾驶着坦克在泥泞的田地里前行,坦克能够非常顺利地行驶;一会儿,一位女士从坦克上跳下来,但不幸的是,她的长筒靴子一下子插进了淤泥里,走不动了,但她没有把长筒靴子提出来,而是又直接登上了坦克。

播完这段视频后,女老师展示了一个问题,大意为:为什么坦克没有陷进淤泥,而女士的长筒靴子会陷进去呢?接着,学生就这个问题进行思考、分享与补充。

在学生充分交流的基础上,女老师提出了学科名词"压强",并要求学生将压强的概念记录在笔记本上。在学生记录完后,女老师和学生一起分析压强的概念,同时提出另外两个学科名词:压力和面积。紧接着,女老师给出了下面的关系图形:

在给出上述关系图形后,女老师要求学生据此写出三个公式。此时,学生书写,女老师走到学生中间交流,待学生基本完成后,女老师请几位学生写出公式,同时在白板上进行板书:

$$P=\frac{F}{A} \qquad F=P\times A \qquad A=\frac{F}{P}$$

(注:在英国,面积的英语单词为 AREA,简写为 A。)

板书完后,女老师和学生一起分析压强、压力、面积三者之间的关系,帮助学生理解有关压强的概念。同时,师生简单回顾了上课伊始所播放的有关坦克和长筒靴子的视频,并解释了其中的原理。

在此之后,女老师播放了第二段视频:图钉的生产和使用。在这段视频中,特别突出了图钉的帽子大,而图钉尖那么锋利的原因。播放完第二段视频后,师生共同分析了其中压强、压力、面积等与本节课有关的原理。其间,女老师还和同学们开玩笑,敢不敢用力朝着图钉尖按下来。

在课堂的最后一部分,女老师呈现了三道有关压强、压力和面积的计算题。

以上为这位女老师所上物理课的实录(因为语言问题,可能存在细节上的偏差,但整体上与事实相符)。

整体来看,英国老师的上课思路与中国老师的上课思路大同小异,课堂基本都包含导入新课、介绍新知、探讨新知、练习巩固等环节,其中都注重加强与生产生活实际的联系,注重学生对核心知识的理解和应用,注重引导学生参与分享、讨论、质疑等。

如果要说不同,我觉得以下三点可能比较突出。

第一,英国老师编制的学案非常简单。

在中国课堂上,绝大多数学案都是用 A3 纸印制的,有的学案甚至会有两张 A3 纸,基本上把老师的教学设计全部呈现出来,包括学习目标、概念整理、新课导入、问题讨论、课堂例题、课堂练习、学习反思等多项内容。但是,英国老师编制的学案特别简单,我们所听的课,有高中的,有初中的,但所见到的学案全部都是用 B5 纸印制的,而且只有一面,一般只包含一项重要内容,比如某一核心知识的整理、某一类型的练习题、某一相关问题的探讨等。

第二,英国老师的课堂容量非常小。

在国内,课堂容量小往往是一个很大的缺点,因为容量小,就意味着效率低。然而,在英国的课堂上,课堂的容量都非常小,他们的每节课时长达五十分钟,但是一节课一般只解决一个问题,然后从原理、应用等方面反复研究、练习。

第三,英国老师并没有特意安排小组合作学习。

在国内,凡是上公开课的老师,基本上都会应用小组合作学习模式,宛若没有小组合作学习,这节课的教学理念就很落后。然而,在英国的课堂上,老师们并没有刻意组织学生开展小组合作学习,学生虽然围在一起坐,但几乎都是各学各的,偶尔有个别学生会向邻座的同学或其他同学表达一下想法。所听的这十几节英国课,都没有出现三五个学生围在一起热烈讨论的现象,学生之间的交流是那么自然、随意。

英国课堂在某些方面与中国课堂不尽相同,这或许可以给我们提供一些不一样的参考。

2018 年 3 月 28 日

英国教师一周有多少节课？

在惠特利学院，接待我们的是一位年轻的法语、西班牙语男老师。在和这位年轻男老师交流时，我们了解了他的工作量及工作强度。

他告诉我们，他每周有二十五节课，这些课都是正课，每节课时长五十分钟，其他老师的课也都在二十节以上。我们看了学校的课程安排表，学校一天安排六节课，一周三十节课。这样算来，这位年轻男老师平均一天要上五节正课。另外，英国学校一般是八点五十开始上课，一直到十二点四十；下午一点十分开始上课，一直到三点放学；中午的三十分钟，老师们用于吃午饭，基本上没有休息的时间。

如此看来，英国老师的工作量比我们大得多，一个人基本抵得上我们两个人。当然，他们也有比我们舒服的地方，那就是学生非常少，每个班级的学生人数都在三十以下，少部分班级只有十位学生，个别班级甚至只有八位学生。可以说，英国老师上课的强度比我们大得多，但是改作业的强度比我们小得多。

让我们感到惊讶的是，英国老师也普遍存在较大的工作压力。

比如，这位年轻男老师说英国学校也会用学生的考试成绩来评价老师，当学生的考试成绩不佳时，英国老师会面临被解聘的风险，丝毫不存在抱着"铁饭碗"的现象。就这一点来说，英国老师的压力就比我们大多了——不管是在公办学校还是民办学校，我们所教的学生即便考差了，也几乎不存在被解聘的风险。但是，英国学校是不讲情面的，只要老师没有达到要求，就会被解聘。

比如，这位年轻男老师说英国老师是不能随便惩罚违纪学生的。即便学生严重违反纪律，英国老师也要耐心地去教育学生，既不能轻易地喊家长到校共同教育孩子，也不能直接把违纪学生交给相关学生工作部门。当学生的状况很糟糕时，英国老师必须拿出自己已经尽力教育学生的证据，否则算是渎职。

这位年轻男老师说英国中小学老师的收入顶多算是中等水平，刚入职时每年大约能拿到 2.6 万镑（折合人民币约 23 万）。这个数字，看上去很高，但在使用时就显得不多了。以考文垂为例，买一瓶普通的矿泉水需要约 1.6 镑（折合人民币约 14 元），坐一次公交车需要 2 镑（折合人民币约 18 元），买一杯热开水需要 0.7 镑（折合人民币约 6 元）……所以，从这个角度来说，他们的工资的确不算高。

……

总之，英国老师也面临着诸多压力，并没有我们想象中的那样轻松、自由、潇洒。细想一下，我们就理解了：人们越重视教育，对教育的期待就越多，对教师的要求就越高，在中国是这样，在其他国家也是这样，因为教育工作并不是随随便便就可以做成功的工作。

好好享受我们的职业幸福吧！

2018 年 3 月 27 日

让研究保有全部真相

今天，华威大学的贾森老师给我们观看了一个关于课堂上"老师不让学生举手"的教学研究视频。发起这项研究的人叫迪伦（Dylan），据说他是英国特别有名的教育专家。在播放视频之前，贾森老师就组织我们一起讨论，迪伦为什么要发起这项研究——老师不允许学生在课堂上举手？对此，你认为原因是什么？

老师不让学生举手，主要是指学生在回答问题时不需要先举手。对于迪伦开展这项研究的原因，我们主要讨论出以下三种：

第一，构建更平等的师生关系。当回答问题或分享感悟时，如果学生需要先举手，那么就表示学生的发言是在老师的允许下进行的，这说明师生身份的不平等。如果学生不需要举手就可以回答问题或分享感悟，那么课堂就不存在这种不平等的师生身份。

第二，创设更民主的交流氛围。如果学生的发言都要经过先举手、然后被老师允许的程序，那么势必会使部分学生得不到发言的机会。如此一来，课堂的交流氛围就显得不够民主，因为它剥夺了某些学生的发言机会。

第三，得到更丰富的学习信息。发言机会的增多，在一定程度上让学生分享的信息增多，而这些信息无疑会让老师更了解学生的学习状况，同时也能让学生看到更多不同的观点。这让课堂的信息更加丰富。

那么，迪伦到底是怎么想的呢？

在视频中，迪伦是这样说的——

Improve teaching and boost student engagement.（改进教学和提高学生参与度。）

按照迪伦的想法，学生回答问题不需要先举手的小小变革，能增强教师的教学能力，同时也能提高学生的参与度。那么，研究是不是真的像迪伦设想的那样呢？

在视频的最后阶段，迪伦采访了五位学生和两位老师——

在五位学生中，两位学习成绩较好的学生说比较享受这种课堂；但是，其他三位学习成绩相对落后的学生，却认为这样更困难；而两位老师都不约而同地提到了担心和麻烦。

从实际情况来看，迪伦的实验并没有取得理想中的效果。这可能是所选班级的问题，也可能是老师的问题，抑或是迪伦的具体设计出了问题。最根本的原因是什么，需要进一步的探讨。

对于迪伦的这项微变革，我没有特别多的思考。但是，迪伦对研究过程的真实呈现，让我感到特别值得尊敬。迪伦在英国教育领域有着比较高的权威，但是却坦诚地呈现了实验的真相，特别是呈现了实验中师生的负面感受。不得不说，这种保有全部真相的研究，才是真正的研究；这种敢于呈现全部真相的研究者，才是真正的研究者。

与之相反的是，有太多人对实验过程造假——科学、扎实、顺利；有太多人对实验结果造假——完整、准确、成功；有太多人对访谈人员造假——感动、受益、重大。

事实上，真正的研究，多半是曲折的，或者说是在曲折中不断向前的。如果一项研究不能基于真相而开展，那么这项研究不仅是毫无价值的，更是贻害无穷的，因为这些所谓的研究成果一旦被公布，就会误导读者，让读者走弯路、走错路、走邪路。

可见，保有全部真相的研究，才是值得尊重和敬畏的研究，即便它失败一万次或有一万个缺点，依然是神圣的科学的一个重要组成部分，因为它是真实的，而真实的才是科学的。

凡是研究者，或是打算以研究者身份开展工作的人，请让研究保有全部真相。请不要亵渎研究！

2018年4月16日

那些影响深远的关键事件

今天上午，华威大学的凯茜老师给我们带来了名为"教练和辅导简介"的课程，让我们对教练技术有了更系统的理解。因为我在国内已经接触过教练技术，所以在听课的过程中有了新的体悟。

这些体悟是什么呢？我想从听到的几个故事说起。

第一位同学说，在她很小的时候，她家邻居在山上打猎时捕获了一只当地人经常食用的某种动物。在邻居给动物剥皮、剖腹、整理的过程中，这位同学因为好奇，就一直在旁观看。不一会儿，邻居从动物的腹中取出一块肉团并不无愧疚地说道："原来它怀孕了！"这位同学看着血淋淋的大动物和已经成形的小动物，忽然感觉到人类非常残忍，而动物非常可怜，于是暗暗下定决心，以后再也不吃这种动物的肉了……

第二位同学说，在他们大学毕业的时候，一位同学因挂科拿不到毕业证与他们系的领导吵架，并威胁说要"跳楼"。这位同学，在很多学生心目中是标准的"学渣"，但就是这位"学渣"，却拒绝到被分配的单位工作，而选择去北京考研究生。一个"学渣"，连本科都不好好地读，为什么还要去北京考研究生呢？

原来，在学校实习的时候，这位同学教的是高一的学生，某天，他发现该校负责校园广播的女学生长得特别漂亮，这位漂亮的女学生读高三。当这位同学毕业的时候，这位女学生刚好考到了北京的某所大学。于是，这位同学毅然决然地去北京考研究生了。

女学生大学毕业后，又去日本读研究生；这位同学在研究生毕业后，又一路追着女生到日本读博士、博士后，而且还特别用功，取得了非常高的成就。

之后,他和女学生结了婚,并且被国家以"千人计划"的身份安排到一所著名高校担任博士生导师……

第三位同学说,在她读高中的时候,一位女同学因为谈恋爱而屡次被批评、写检讨,甚至还被请家长。后来,在快要被退学的时候,校长找她谈了话。这位女同学掷地有声地告诉校长:"接下来,我要好好学习了,而且要考上重点大学!"据说,当时在场的人几乎都被吓了一跳。校长出于爱护学生的考虑,答应再给这位女同学一次机会。最后,这位女同学竟然考上了全国排名前十的大学……

这几个故事,对于我们来说,可能只是故事。但这几个故事,都毋庸置疑地对当事人产生了深远的影响,甚至彻底改变了当事人的人生方向。像这样对当事人产生深远影响的事件,我们称为"关键事件"。

从教育的角度来说,关键事件到底有什么作用呢?

首先,我们可以从关键事件中分析出当事人的典型心理特征。

以第一位同学的故事为例,当她目睹已经成形的小动物被从腹中取出的过程后,下定决心不再食用这种动物的肉。显然,这说明这位同学是非常善良的。基于此,当我们要深入了解学生时,可以想办法收集学生的关键事件,并通过关键事件来分析学生的典型心理特征或性格特征。

其次,我们可以主动创造正面的关键事件来影响学生。

发现学生已有的关键事件,可以帮助我们了解学生;创造新的关键事件,可以帮助我们影响学生。我们要根据实际需求,根据对学生兴趣点、关注点、需求点等方面的了解,精准地在某一领域为学生创造新的关键事件,这可能给予学生积极的影响,从而解决学生的某种问题,或者引导学生朝着某个方向发展。

以前,我的一位学生小峰,在某次升旗仪式上的校长颁奖时刻,羡慕地对我说:"我从没有上台领过奖呢!"我问他是否想上台领奖,在得到肯定的答复后,我告诉他:"你愿意的话可以申请担任值周班长,如果本月我们班能获得红旗班级奖项的话,你就可以代表我们班上台领奖了!"小峰采纳了我的建议,带领班级获得当月的红旗,在次月初的升旗仪式上代表我们班上台领奖。

再次,我们要极力避免将学生置于负面的关键事件中。

正面的关键事件,可以对学生产生正面的影响;负面的关键事件,则会对学生产生负面的影响。作为老师，我们要极力避免将学生置于负面的关键事件中。

比如，一位同学说，在她读小学时，她的同桌在学习上非常吃力，而某位老师，动不动就会在课堂上踢打她的同桌。她感叹道："我的同桌在课堂上反应那么迟钝，真不知道是不是因为被那位老师打的！"

最后，不要误以为关键事件就是我们眼中的大事。

如前所述，关键事件会对当事人产生深远影响。然而，关键事件的影响虽大，但未必都是轰轰烈烈的大事，相反，极有可能是微不足道的事。也就是说，在他人眼中一些不值一提的小事，可能会让当事人刻骨铭心，成为他的关键事件。

这启示我们，在与学生交谈时，要敏锐地判断，某些事件是不是学生的关键事件，尤其是那些在不经意间就会被忽视的"小事"。比如，某位学生受到我们的表扬，对于一些人来说可能是常态，但对于这位学生来说可能是"第一次在公开场合受到老师隆重的表扬"，当然就不是小事了！

在每个人的生命旅程中，都会遇到一些对我们产生深远影响的关键事件。在这些关键事件中，我们或许会遇到一些特别温暖的人，经历特别温暖的事，也有可能遇到一些特别冰冷的人，经历特别冰冷的事。然而，作为老师，我们要以温暖的形象出现，和学生发生温暖的故事，让这份温暖永远留存在学生和我们的心中。若干年后，如果我们和学生仍然能感知到那些温暖，那么我们无疑是幸福的老师。

2018 年 4 月 13 日

第七章 思索，追寻思想的光芒

每个人都有自己的"小"

最近，北京大学林姓校长在该校建校一百二十周年庆典上，将"鸿鹄之志"中的"hú"读成了"hào"。这件事引起了全国范围内的热议，造成了巨大轰动。我们虽然身在英国，但是这件事也成为我们热议的对象，我们也对此事进行了深入思考、广泛交流。

或许，这不管对于林姓校长，还是对于北京大学，或是对于全中国的大学校长，甚至是对于全中国的知识分子，都不是一件多么光彩的事情。但是，事情既然已经发生，就必然有其发生的客观性。对此，我们必须有清醒的认识。此事早晚会成为过去，然而此事发生的客观性事实是什么？

在我回答这个问题之前，请大家先来思考一个问题：这件事为什么会造成如此大的轰动？

假如，念错这个字的人是一个目不识丁的人，大家还会这么关注吗？

假如，念错这个字的人是一位外国大学校长，大家还会这么关注吗？

假如，林姓校长念错的是一个特别生僻的字，大家还会这么关注吗？

假如，林姓校长不是在北大的校庆上念错字，大家还会这么关注吗？

其实，这件事情之所以造成如此大的轰动，主要原因在于"北大校长""中国精英""常见字词""隆重校庆"等关键词——北大校长，是全中国最顶尖的大学校长之一，应是学富五车、满腹经纶、才华横溢的样子，实在不该念错字；中国精英，代表着中国最有知识的一群人，应对中国文化非常了解，实在不该读错字；常见字词，很普遍，出现在各类励志演讲或日常对话中，作为生活在校园的人，没吃过猪肉，也要见过猪跑，实在不该读错；隆重校庆，这是北大一百二十周年校庆，是非常隆重的校庆，作为重要发言人，非常有必要提前反复斟酌、反复熟悉、反复朗读稿子，以达到最好的现场演讲效果，实在不该读错字……

然而，大家不能忽略的事实是，大家眼中的"应"和"该"，属于非常理想的假设，属于按常理推断的假设，属于普遍存在的假设，但是，这些均不代表事实本身。事实本身是什么呢？事实本身是北大林姓校长的确不认识这个字，或者说，在读这个字的水平上，这位校长可能连一位一年级的小学生都不如。

这就是客观事实！

无疑，这打破了中国几千年来对典型人物的"完美定义"——他是科学家，那么他说的话都是有道理的，因为他很厉害；她是道德模范，那么她在每件事情上都要表现得特别大公无私，因为她太善良了；他是领导，那么他对事情的看法可能就比普通人更加透彻，因为他太聪明了；她是大学校长，那么她就特别有知识、有文化，因为她太博学了……很多人总倾向于把人的某方面卓越想象成全面卓越；而不少在某方面卓越的人，往往也特别想在全方面都表现得卓越。

比如，在中小学校，很多校长都表现得特别"卓越"——不仅懂教学，而且懂管理；不仅懂宣传，而且懂后勤；不仅懂语文，而且懂数学……只要是在校园内发生的事情，这些校长仿佛就没有不懂的。同样，很多老师也有这样的想法，只要发现校长在某些方面表现得不行，就会立刻觉得这个校长是不称职的。

不得不说，这种"完美定义"是非常理想化的，当然也是不现实的。事实上，完美是不存在的，缺陷才是最普遍的常态，正所谓"金无足赤，人无完人""尺有所短，寸有所长"。对于所有人来说，我们都要认清自己的缺陷和长处——当处于重要位置时，请记住自己的长处，看得见自己的缺陷，不要极力掩饰和隐藏，要让别人知道自己是有缺陷的，同时学会倾听别人的建议；当默默无闻时，请记住自己的缺陷，并发现自己的长处，不要谨小慎微，要让别人知道自己的长处，同时学会表达自己。

简单来讲，百分百的万能型人物是不存在的。换言之，每个人都有自己的"小"。北大林姓校长的"小"，至少有一项是不认识"鸿鹄"的"鹄"。其实，"好人"并不是百分百的"好"。我们每个人都要看到自己的"小"，尤其是那些身居高位、手握重权、成就卓越、声名赫赫的人，更要看到自己的"小"，以免因自己的"小"而耽误整个团队、整个单位乃至整个国家的发展。

让学生认识到典型人物的"完美定义"是不可靠的这一道理，既是我们自己需要践行的，当然也是需要我们向学生传递的。这是教育的需要，也是教育的责任。

2018 年 5 月 6 日

常回头看看走过的路

今天，华威大学的庄斐瑜老师组织我们展示用所学的教育技术制作的作品。在紧张的两个小时中，同学们展示了由一张又一张照片或一段又一段视频构成的精彩作品，同时也回顾了在英国走过的每一段路，让我们感受到作品的丰盈，又意识到离别就在眼前。

我的视频作品主要分为四部分：在华威的学习；访校时的见闻；在英国的生活；此次访学的收获。在叙述这四部分的时候，我选择了具有典型代表的地点、景观、人物的照片作为背景，同时配以中英两种语言呈现内容。整体来看，我对自己制作的视频还是非常满意的。

我用心制作这个视频。从时间上看，我从5月4日就开始制作了；从素材上看，我不仅查阅了自己的所有储备资料，而且还向同学们"借"了好多资料；从题目上看，我先后拟定了多个题目，最后选择了以"一次开阔视野的访学"为题，反复推敲这个题目的英语翻译，其间，还请教了凯茜老师；从开头来看，我用"在每一次行走中，我都能发现一个崭新的世界"作为引子，在进入主题的同时引出了下文；从过程上看，我力争让每一张图片的推进都更有逻辑性，以让这个作品更加合情合理；从结束语来看，我表达了感谢和祝愿，同时以"我会一直行走在我的梦中"这句话与开头相呼应，使整个视频看起来更加完整，也能给人以联想……

当然，这是我的制作思路，我用这样的思路表达出自己的想法，记录我在英国访学的这两个月的整体状况。其他同学也有特别棒的思路，而且有些非常能触动我。比如，有的同学用一首诗来作为内容，配以在英国拍摄的诸多"美照"，让我们立刻进入一种清新脱俗的意境；有的同学以访校为主题，用某一瞬间的特殊照片及必要的文字，重点突出呈现了自己的感受与收获，让我们立刻感觉到这位同学是真学霸；有的同学以从学校到住家所经历的路途为背景，选择关键路口或路段的照片，颇有特色地再现了一路的欢声笑语，让我们仿佛看到了他这一段心路历程……

在观看同学们作品的过程中，我们时而开怀大笑，时而啧啧称赞。我们都非常在意这段经历，也非常喜欢这种记录的方式。对于我来说，在观看视频的过程中，我感受到了这段经历的宽度和厚度，同时意识到这样的感觉极容易消失，照片或录像让我重新回到了那一刻。

这说明了什么？

显然，我们需要常回头看看已经走过的路——每走完一段路，就回头看看，然后就能从中体验到欢乐和忧伤，认清成功的方法和失败的原因，看到自己的完美和不完美，从而以更适宜的方式走向未来。这不仅是记录过去，也是反思过去；这不仅是聚焦过去，也是引入未来；这不仅是我们的历史，也蕴含着我们的明天。

对于人生，我们需要回头看看；对于工作，我们同样需要这样回头看看。对于我们，需要这样回头看看，因为我们需要从过去汲取智慧；对于学生，同样需要这样回头看看，因为他们需要从过去汲取智慧。常回头看看走过的路，才能更好地走完当下的路。我们一直在路上，过去的路，当下的路，明天的路，路路相连，路路相通。

2018 年 5 月 9 日

从关系走向规则

今天，华威大学的琳内特老师给我们带来了一节名为"Intercultural Communication：Identify and Relationships"（跨文化交流：识别与关系）的课程。在这节课上，琳内特老师给我们举了两个处于两难境地（The dilemma）的例子。

假设，你的女儿要上学了，在你家周边，有优秀、良好、一般、较差等四种级别的学校。按照当地儿童的入学规则，你的女儿只能申请就读那种较差级别的学校。但是，你又与那所优秀学校的校长相熟。那么，你会怎么办？

假设，你坐在朋友的车中，正行驶在限速每小时三十公里的区域。不幸的是，你的朋友撞到一个过马路的人。这个人虽然伤得不严重，但是仍然需要到医院治疗。问题是，你朋友的车速差不多达到了每小时四十公里。作为一名目击者，你会把真实的情况告诉交警吗？

在上述两种假设中，你会怎么做？请记下你最真实的想法。

第一个假设，就是琳内特老师自己遇到的情况。当年，她女儿入学时，女儿非常不喜欢那所较差级别的学校，琳内特老师的朋友也建议她找找关系。但是，琳内特老师说自己必须"obey rules"（遵守规则）。因此，即便为了女儿上学，她也没有动用关系。

第二个假设，是一份面向全世界的调查。在这份调查中，有一份中国人的数据——选择告诉警察真相的比例占到47%，远低于第一名瑞士的97%。对于47%这个数据，我认为是虚高的，不会有这么多人告诉警察真相。

下面，我来说说自己的选择。

我必须承认，女儿读书是大事，如果我女儿有上优秀学校的可能，那么我会尝试着与优秀学校的校长沟通，看能否为女儿争取到就读优秀学校的机会。我也必须承认，如果我朋友确实超速了，那么我可能不会直接告诉警察，可能会说"不知道""没注意"或"觉得很慢"等。

为什么会这样？

放在更大范围来看，"关系"是中国文化的重要组成部分。在中国五千年的历史中，"关系大于规则"的故事举不胜举。在很多情况下，我们在评价一件事情时，往往会情不自禁地先想一想"我和涉事人员是什么关系"——如果是陌生人，那么我们可能会公事公办；如果是熟人、朋友、亲戚，那么我们可能就非常犹豫了。

这种关系文化，会滋生落后、不公、腐败等不良社会现象。这个道理，中国人从古至今都明白，要不然也不会出现秉公执法、铁面无私、六亲不认等词语了。尤其是"六亲不认"这个成语，更是道尽了中国人在关系文化中的两难境地。然而，我们不得不承认，这种微妙的关系文化至今仍然深深地影响着中国人的言行。

那么，我们如何理解这种关系文化呢？

首先，关系形成的第一层原因是情感需求。

中国人有重情重义的优秀传统，而重情重义呈现的就是一种良好的关系。这种情感需求，是好好生存的基础，同时特别强调人与人之间的关系。正因如此，中国人讲究"天伦之乐""得遇知音""与人为善"等。显然，这是有利的一面。

其次，关系形成的第二层原因是安全需求。

在原始社会时期，由于社会发展的落后，人们缺乏先进的生产工具，需要很多人一起打猎、耕种、编织等。否则，人就可能饿死，甚至被猛兽吃掉。也就是说，原始人本能地选择群居生活，其实是出于更好地生存的安全需求。有了家庭，有了部落，有了种族，有了与他人良好的关系，这样才能相互照顾，当然也就更安全了。

时至今日，虽然社会更加发展了，但是人们形成各种关系的出发点依然包含安全需求。比如，老师与学生形成良好的关系，包含让学生理解老师、支持老师、信任老师的成分。在原始社会，人们形成关系的安全需求是安全的食物；而现在，人们形成关系的安全需求是安全的利益。其本质，实际上是一样的，都包含着"对安全的忧虑"或者"担心受到侵害"等原因。

最后，关系形成的本质原因是社会发展程度低。

试想一下，如果社会发展程度足够高，人们要食物就有可靠的食物，要就医就有条件优越的医院，要公平就有真正的公平，丢了东西有人主动还回来，在路上摔倒了有人把你扶起来，老了会有专门的机构照顾你的饮食起居……那么你还会忧虑或担心什么吗？比如，你还需要在努力工作之外，仍然想着给你的领导送点礼品来搞好关系吗？不需要，因为校长的素质已经非常高了，该你的奖励，他一分一毫都不会少你的。这时，你肯定是心平气和地享受着工作和生活本身。

从这个角度来说，关系程度越高的社会，其社会发展程度越低，因为人们仍然需要通过关系来满足情感和安全需求。当社会发展程度足够高的时候，资源已经非常丰富且相当精致，人的素质已经非常高且相当优秀，社会环境已经相当友善，那么人们还需要苦心经营那么多复杂关系吗？显然，大家都不会自找麻烦了。

当社会发展程度足够高时，人们就会自觉由关系走向规则。当然，这是一个非常漫长的过程。但是，即便道路是漫长的，也是充满希望的。作为教育工作者，我们不就是一直在从事播撒希望的工作吗？鉴于此，我们非常有必要了解关系文化对中国的深远影响，一方面不要因为"关系大于规则"的诸多事实而心灰意冷；另一方面要注意慢慢播撒"从关系走向规则"的种子，同时怀着饱满的希望，热切期待着美好早日到来。

2018 年 5 月 14 日

与日本留学生的交流

在4月,一位读大二的日本留学生住进了我居住的英国家庭。由于这个缘故,我和这位日本留学生及他的同学有了比较多的交流。更巧的是,他的同学中还有一位华裔,这位华裔学生可以流利地说中文和日语。为了进一步了解日本基础教育的状况,我以书面形式向他们提了十个问题。而他们经过讨论甚至是请教其父母、老师,非常认真地回答了我的问题。

现将这十个问题及日本学生的回答整理如下。

1.在一些重要时刻,日本学校是否会举办一些特殊活动?如果有,那么小学会开展哪些活动?初中呢?高中呢?

答:日本学校的确会举办一些特殊活动,大致可分为实用演习和纪念活动两种。实用演习主要有火灾逃生训练和地震避险训练,基本上保持一年一次到两次的频率,这是从小学到高中都一定会有的。纪念活动主要发生在初中和高中,最有名的就是学园祭(类似于"开放日",作者注)和文化祭(类似于"跳蚤市场",作者注),时间长度在两到三日左右。此外,各地区也有各自不同的活动,比如,我所在的小学每年都会举办"百人一首"大会,有的地区会有手球大会等。

2.日本学校一般开展哪些社会实践活动?请就小学、初中、高中等年段分类介绍。

答:从小学到高中,都一定会有的社会实践活动是修学旅行,一般是在小学六年级、初中三年级和高二或高三开展。临近毕业的时候,有些学校还会举办校外学习活动,虽说是校外学习,但基本上就是玩。我所在的高中,在高一或高二的时候,还会有长跑活动,就是四人一组在规定时间内完成四十二千米的马拉松,这个活动主要是为了培养学生的团队精神。不同的学校,由于地域原因，会举办一些不同的活动。

3.日本学校一般会有哪些学生社团？是学生自主发起和开展的吗？

答：日本学校的社团十分多样化，社团数目和社团种类都因校而异。我就读的高中，最具特色的社团就是足球和硬式网球。日本每年都会举办两次全国野球赛和足球赛，野球赛的半决赛和决赛甚至会在甲子园举行。这些比赛全部以学校社团的身份参加。除了个别大型社团是建校时就存在的，其他社团基本都是由学生自主组建。当然，组建社团需要满足许多硬性条件，所以不会过于简单。

4.当学生犯错时，日本的学校和老师会如何教育学生？或者说，犯错的学生一般会受到哪些惩罚？请根据犯错的轻重或类型来谈。

答：当学生犯错时，日本老师的惩罚一般是让学生写检讨。犯错性质和程度不同，所受到的惩罚也不尽相同。一般来说，若到了联系家长的地步，那么就说明已经非常严重了。体罚是违法的，学生可以立即举报，日本学生的法律维权意识很强。当然，停学和休学在学校惩罚范围内。

5.日本学校有哪些极具特色的教育？

答：在日本，即使是高中学校，或者是私立学校，都是早上8:30开始上课，下午16:00放学；每个星期，体育课一般都有三节。我很难举出具有日本特色的教育的例子，若要说有的话，那就应该是家庭课了，包括洗衣、织衣、基础茶道等。另外，日本学校一般都有烹饪课，学校会提供食材和料理教室，老师会教学生学做饭。

6.日本教育特别重视哪些方面？比如，学校、老师一般会反复强调的。

答：日本对学习成绩是非常重视的，学校、老师自然把学习看作最重要的。当然，学校会举办许多活动，以帮助学生在素质和成绩方面同步发展。

7.日本学生的厌学情绪严重吗？以普通学校为例，厌学学生的比例大约有多少？

答：在日本学校，尤其是在公立初中里，的确有许多"不良"学生。他们的出勤率低，而且有些"不良"学生在学校闹事。但是，准确来讲，这些学生未必都厌学，因为日本的"少子"及"老龄化"现象非常严重，这就导致劳动人口不足。那些"厌学"的学生，多数属于"子承父业"的学生，他们的家业不一定有多大，可能只是一个小商铺或小工厂。但对这些学生来说，去学校的意义不大，所以就会出现"厌学"行为。

8.在日本学校，一般会出现师生发生冲突的现象吗？这些师生冲突一般是如何引起的？学生和老师在冲突中分别有什么样的表现？

答：在日本学校，学生除了制服校规及课程要求外，拥有非常大的自主权，而老师在一般情况下很少介入学生的活动，很少去管闲事，除非学生出现了欺凌等事件。因此，在日本学校，师生冲突现象是十分罕见的——不论是我，还是其他同学，几乎都没有遇到过师生冲突的问题。

9.日本学生认为什么样的老师才是优秀老师？能否用一些关键词来概括，或者举一些简单的例子？

答：日本的绝大多数学校在每一个学期末都会组织学生完成一份调查问卷。虽然问卷内容因学校不同而出现差异，但都十分具体。以我就读的高中为例，这样的问卷一般会有50道题，包括教学态度的好坏、教学的难易、板书工整与否、是否关心学生、为人是否随和等等。这是最基本的评价老师的方法。当然，最重要的还是教学成绩的优劣。

10.日本学生对什么比较感兴趣？或者说，日本学生比较关注什么？再或者，日本学生有哪些典型特征？

答：抽象地讲，日本学生最关心的事情就是实践和技能的实用性，他们关心与自身相关的东西。不论是学的、说的、想的、谈的、做的，基本上都与他们自身有关。日本的年轻一代，被喻为"不关心政治"的一代，对政治没什么兴趣。在业余时间，他们会关注各种球赛、搞笑艺人、综艺节目、流行歌曲、各类漫画等。

这位华裔学生非常认真地回答了上述问题，但依然强调因为个人经历的局限性，可能会导致所回答的内容有失偏颇。这体现了这位学生在思考问题时的严谨性，也说明了上述答案的客观性——他说的至少是他经历的，而不会胡编乱造。基于此，我认为，通过这份问卷，我们可以发现日本教育与中国教育有很多共同性，比如家庭课、对成绩的重视、对犯错学生的处理等。

当然，日本教育也有与中国教育不同的地方。比如，多数日本学校有烹饪课，而多数中国学校没有烹饪课；日本学校很少有师生冲突，而中国学校的师生冲突比较多；日本学校仍然保留四十二千米的马拉松拉练活动，而中国学校一般不会开展这样锻炼人意志的活动了。

或许，这些相同点和不同点，都可以给我们带来一些新的思考。比如，就重视成绩这个相同点来说，几乎全世界的老师和家长都重视成绩（当然，重视不等于苛求），我们需要理性看待成绩的问题；对于日本学校很少有师生冲突、而中国学校有很多师生冲突这个不同点，我们是否需要反思学校对学生全方位的管理所存在的隐患呢？

2018 年 5 月 12 日

我们到底需要什么？

今天，华威大学的凯茜老师组织我们对这两个月的英国访学做如实的反馈。其中，我提了两个建议：一是增加教育专业类教授的课程；二是安排一定数量的中小学老师来分享他们的思考、实践和感受。

我为什么要提这两个建议呢？

通过两个月的课程安排来看，只有四位教育专业类教授给我们带来了课程。现在回过头来看，这些教育专业类教授的课程，是所有课程中对我们价值最大的，当然也是最受我们欢迎的。

此外，在这两个月的课程中，我们先后三次参观当地的中小学，走进他们的课堂，并与学校的领导、老师、学生交流。客观地说，这种访校活动是非常有意义的，让我们看到真实的英国学校、真实的英国课堂、真实的英国师生。这当然可以开阔我们的眼界，让我们有机会将中国与英国的中小学状况做对比，并由此而反思、借鉴、改善或树立信心。

但是，这两个月的课程最大的缺陷是没有任何一位中小学老师来给我们分享。

如果华威大学能安排一定数量的英国中小学老师就教育管理、课堂教学、教学评价、考试制度、问题学生教育、学校文化构建、教师专业成长等方面给我们做一个系列分享，让我们全面了解英国中小学的实际状况，再加上教育专业类教授的讲座及访校活动，我们就可以看到一个更立体的英国教育。

看到一个立体的英国教育到底有多重要？

前几天，我和一位同学在聊天时表达了一种观点：回国后，我们分享有关这次英国访学的感受时，一定要处处小心，在说任何观点的时候，都要说明当时的具体情况，绝不能信口开河，以免误导听众。我担心我们把一所学校当成了所有学校、把一间课室当成了所有课室、把一位老师当成了所有老师、把一种做法当成了所有做法、把一种现象当成了所有现象……

换言之，我们需要更准确的信息，而获取更准确的信息需建立在立体了解英国教育的基础上。不能立体了解英国教育，就很难获取更准确的信息；不能获取更准确的信息，就不能做有效的对比，更谈不上做科学的研究了；而没有有效的对比及科学的研究，更有意义的反思、借鉴、改善就无从谈起！

从这个角度来说，大到出国访学，小到校际交流，我们最需要的就是通过全方位的了解获取更为准确的信息，为下一步的反思、改善、借鉴打下必备的基础。这是真正向别人学习的途径，也是做学问需要的严谨态度。

同时，我们也要注意到，在学习的时候，我们必须提升学习的对象的标准，否则学习的意义大打折扣。换言之，要学习，就要向最好的学习。如果华威大学此次能安排华威大学乃至全英国最好的那些教育专业类教授给我们授课，同时组织一些最优秀的英国中小学教师跟我们分享，那么此次访学将会有更丰富更深刻的体验，当然也更具有非凡的意义。

在国内，我们的学习也应如此。在读书时，我们要读经典；在听讲座时，我们要选择最有实力的授课人；在参观访问时，我们要走进最好的学校。这才是真正高质量的学习。对于低质量的学习来说，耽误时间事小，言语误导事大。

当然，以上是比较理想的情况。

事实上，华威大学在安排这两个月的课程时，还是非常用心的。比如，他们借用了一间商学院课室给我们上课，据说这是华威大学最舒适、最先进的课室，我们需要脱鞋子才能进去；他们给我们安排了非常好的住家，我们普遍感觉住家不错，据说华威大学的老师还专门到住家认真检查过；他们给我们联系了几所当地最好的学校，其中有几所还是英国教育标准办公室评选的"杰出学校"。

其间，还有一些特别让我感动的细节。

比如，我在和贾森老师拍合照时，因为他比较高，我故意踮着脚，他看到后，竟然主动屈膝，最后我们两个几乎一样高；庄斐瑜老师每当要我们展示作业时，都会给我们带来饼干、糖果或巧克力之类的零食；凯茜老师给我们上有关莎士比亚的戏剧课时，我问她莎士比亚在"to be, or not to be, that is the question"中为何用"that、the"，而不是"this、a"，凯茜当时给我说了一点自己的看法，第二天又特别给我说了一种新的解释，或许她和别人商讨了，或许她一直在琢磨这个问题……这些都让我感到特别温暖。

　　我们到底需要什么？我们需要准确的信息，需要最好的学习，当然也需要温暖。

2018 年 5 月 16 日

何时才能收起怀疑的眼光？

今天，我们来到了苏格兰与英格兰接壤的一个小镇。因为苏格兰的羊毛围巾非常有名，所以，我们都打算买一些羊毛围巾带回去。在商店里挑选的时候，我们还是会担心：这是不是真的啊？

此时，一位同学反复提醒我们：买英国的商品，放心买就好，一分钱一分货。我没有在英国生活的经历，也不甚了解英国的商品情况，但对国内的"假冒伪劣"现象记忆深刻。

事实上，国内除了商品有假冒伪劣之外，不少人都变成"假冒伪劣"的了，这种现象在我们教育圈比比皆是。

比如，现在的教师培训非常多，各种名师满天飞，你方唱罢我登场，好不热闹。但是，你敢相信他们的头衔吗？你敢相信他们的经历吗？你敢相信他们的案例吗？你敢相信他们的教育理念吗？你敢相信他们的教育方法吗？你敢相信他们的教育成果吗？你敢相信他们的为人吗？

在我刚参加工作时，我对名师是特别敬佩的，很容易就会成为他们的粉丝。从2008年进入教育网络之后，我对能在教育博客、教育论坛、教育QQ群等教育网络媒体上遇到的名师，总是虚心请教、全心学习，对他们说的话、做的事、写的书，都会认真研究、用心领会、系统实践，以免遗漏了什么，或者错误理解了什么。

然而，随着时间的推移，一些名师的形象在我心中轰然倒塌。

有一位名师，我曾经在心中默默将其作为学习的榜样，不仅用他的曲折经历来暗暗鼓励自己，而且还把他作为职业引领者一样尊敬。然而，他已经不担任班主任近十年了，却还在各种培训会上大谈特谈他一直在做班主任，并且还晒出他开展活动、进行家访、主持班会等场景的照片！后来，我们才知道，他是在挪用其他班级的照片，或者说有目的地到班级去摆拍，或者偶尔借班上课抓拍。

有一位名师，英俊潇洒，才华横溢，在各种场合吹嘘自己曾经带出了一个多么神奇的班级，并因此写了很多文章、登上了很多讲坛、出版了很多专著。然而，实际上，直到2018年，他担任班主任只不过五年而已，并不是传说中的十八年教龄、十七年班龄。甚至，他的第一本班主任专著里，就出现了抄袭的问题，还因此闹得沸沸扬扬，他本人不得不在自己的公众号里向别人公开道歉！

有一位名师，是特级老师，是某某语文理念的倡导者和实践者。在某一次的接触中，我们无意中聊到了工资的问题，于是我说我校班主任费用只有五百元，实在太少了。不料，这位名师非常严肃、非常正经地教育了我一顿，说我境界太低，说教育事业就是讲奉献的事业，教师职业就是清贫的职业等。谁知，在第二天的座谈会上，他率先提出特级教师的津贴太低了，并说我市的特级教师津贴和其他省市简直没法比，义正辞严地呼吁市政府提高特级教师的津贴！

……

这，难道不是我们教育界的耻辱吗？！

不知从何时起，我对"名师"这类人特别警惕。我相信，很多老师对此都有同感。我一直在反思，我是不是过于敏感了？虽然我亲历不少假冒伪劣的名师，但是这并不代表其他名师也是假冒伪劣的。然而，名师四处讲学、频出专著、常发公号、多建QQ群等，影响力实在是太大了，简直是无孔不入，搞乱整个教师成长生态。老师们，尤其是年轻的老师们，如果不带着怀疑的眼光来审视名师，那么就会被"名师"领入歧途。从这个角度来说，一个假名师的破坏力，真的是难以想象的。

因此，我大力倡议年轻老师要经常带着怀疑的眼光来审视名师，千万不可一味地膜拜，须知膜拜名师是有风险的。同时，我建议年轻老师一定要多读书、多实践、多反思，多研究自己的教育实践和教育体悟，不要轻易地拿来别人的理念和方法，或者一定要对别人的理念和方法进行辨析，因为学习是基于自身实际情况的学习，成长也是基于自身实际情况的成长，直接挪用别人的东西只能把自己淹没。

我特别希望我的那些让我对名师保持警惕的经历,都是非常片面的,都不能代表那些名师的真实样子,其实他们依然在用心做教师,依然在认真做研究,依然在用情做教育。教育是良心活,我相信有更多的老师真正敬畏教育;老师是知识分子,我相信会有更多的老师小心翼翼、至虔至诚地尊重自己。

　　何时才能收起怀疑的眼光来看待名师?

　　我期待着这一天的早日到来!

2018 年 3 月 31 日

如何处理欺凌问题?

近日,国内媒体接连报道了几起校园欺凌事件。

十七岁的小敏(化名,下同)因为晚上睡觉打呼噜被舍友联合外班女生残暴围殴,最终造成小敏耳膜穿孔、右耳丧失听力等严重伤害;学习成绩位列年级第一的初一女生小琪,因为不堪同学欺凌而跳楼自杀;而刚刚发生的砍杀中学生而致九人死亡的恶性事件,其罪犯被报道曾经在校园内屡屡被欺凌……

不得不说,校园欺凌问题已经发展到我们必须全力解决的地步了。

那么,到底该如何解决校园欺凌问题呢?

首先,我们要明白什么叫"欺凌"。

欺凌(Bullying)在英语中是一个专有名词。著名教育顾问芭芭拉·科卢梭(Barbara Coloroso)在她的《如何应对校园欺凌》一书中给出了自己的看法:"欺凌是作恶者以羞辱和伤害他人为目的,故意或蓄意地对他人做出的攻击性的、恶毒的,或侮辱性的行为,并从他人遭受的痛苦或不幸中获得快乐。欺凌会诱发畏惧感,常常以再次实施侵害相威胁来制造恐惧。"

芭芭拉·科卢梭认为,欺凌始终包含着以下四种因素:力量的不对等(包括力量、地位、情绪等方面的不对等);旨在伤害(欺凌就是为了排斥、为了嘲弄、为了凌辱);进一步侵害的威胁(很有可能再次发生,逐步升级);制造恐惧(这不仅仅是手段,更是欺凌目的本身,使被欺凌的孩子完全无力反抗)。同时,芭芭拉·科卢梭将欺凌分为言语欺凌(表现为起绰号、嘲笑人、讲闲话等)、肢体欺凌(表现为推搡、踢打、揪头发、吐口水等)、关系欺凌(表现为合伙排挤、集体威胁、联合歧视等)。

关于芭芭拉·科卢梭对欺凌的定义及分析,我认为大多数内容都是比较准确的,但有一点不够准确——"欺凌是作恶者以羞辱和伤害他人为目的"。我认为,"羞辱和伤害他人"只是众多欺凌目的中的一个,并不是全部。比如,有些学生欺凌同学,可能是因为谋取财物;有些学生欺凌同学,可能是觉得好玩;有些学生欺凌同学,可能是为了彰显自己的能耐……造成欺凌现象的原因是多种多样的。

但是,可以肯定的是,每一次欺凌事件都会对被欺凌者造成严重的生理及心理伤害。从这个角度来说,将"羞辱和伤害他们"从欺凌目的转变为欺凌结果,可能会显得更加准确。因此,我们在定义欺凌问题时,不应从欺凌目的出发,而应从欺凌结果来看——凡是让对方感到羞辱或伤害的行为,都可以被视为欺凌。同时可将欺凌分为轻微欺凌、中度欺凌和严重欺凌等不同层次(目前缺乏相关的法律制度,各学校可根据学校的实际情况,有针对性地划分欺凌的程度,并根据欺凌的程度来制定、筛选、优化处理欺凌事件的策略,以免处理此类问题时轻重不分、策略不明、程序不公、效果不佳等)。这样的定义及划分,是基于事实的,当然也是更科学的。

其次,我们要充分重视欺凌问题。

无数的事实证明,欺凌会给受欺凌者造成严重的身体伤害及心灵摧残。作为老师和家长,我们要高度重视受欺凌者的心理感受、情绪体验及不良后遗症,尤其是受欺凌者内心的痛苦、愤怒和委屈以及此后产生的心理创伤与危机。

事实上,不少人在年幼的时候都受过欺凌,都能充分感知到欺凌的危害。此时,我们需要做的就是,设身处地地考虑到被欺凌者的痛苦,并尽可能将被欺凌者的痛苦全面化、具体化、客观化。只有这样,我们才能从心底认识到欺凌的严重危害,才能真正做到在日常工作中重视欺凌问题。因此,我们要及时打破思维惯性,不要总把孩子们之间的欺凌行为理解为"打打闹闹",更不要简单地认为欺凌是"无须挂齿"的,须知越早期、越持久、越忽视的欺凌越能造成更严重的心灵伤害。

芭芭拉·科卢梭说,有些受害者,他们求救的呼声被置若罔闻,他们所遭受的痛苦被视而不见,他们的苦恼因为无处释放而累积,直到有一天,他们那些不被旁人理解的恐惧和悲伤变成了一把反击的利剑,肆无忌惮地报复社会;另外一些受害者,对生活彻底失去了希望,他们将所承受的暴力转化为自我攻击,以自杀而终,生命以悲剧离场。

这是多么深重的伤害啊！

需要说明的是，在欺凌事件中，受欺凌者是主要的受害者，但欺凌者同样面临着性格偏激、心理阴暗、社交障碍、法律意识淡薄等诸多成长问题——一个特别善良、阳光、优秀的孩子，怎么会去欺凌他人呢？因为这样的孩子内心充满了友善和温暖，不仅懂得如何尊重自己，而且知道如何善待他人。作为欺凌者的父母，我们千万不要以为自己的孩子"占了便宜"（这种便宜占多了对孩子来说绝对是坏事），而要真正认识并重视孩子在欺凌事件中暴露出的成长问题。一个趋向于甚至是喜欢欺凌别人的人，是多么无知、冷酷、残忍的人！

再次，我们要明确欺凌问题的反馈程序。

对于欺凌事件，我们发现得越早，受欺凌者的伤害就可能越小，欺凌者的问题就可能越早被关注，对问题的处理就越主动。而在这一步，我们所做的工作就是"早发现"。那么，如何才能尽早发现欺凌问题呢？

作为老师，我们要明察秋毫。多数被欺凌者都会因为胆小或者受到恐吓，而不敢将欺凌问题反馈给老师和家长。此刻，我们发现欺凌问题的主渠道就是对学生的细微观察。其实，多数受欺凌者都会出现情绪低落、行为反常、逃避学校、成绩剧降等问题，老师们只要愿意关注，基本就能发现受欺凌者的异常。

作为家长，我们要做孩子的知心朋友。显然，如果孩子在校园受到严重的欺凌都不愿意或者不敢向父母诉说，那么这样的父母绝对不是孩子的知心朋友，甚至是让孩子感觉到会遭受更大伤害的"欺凌源头"。换言之，这样的父母是不值得孩子信赖的，不是孩子的依靠，当然也是非常失败的。作为父母，我们要尽可能给予孩子百分百的保护——如果孩子主动跟我们说了，那么我们要理解、重视，要设身处地地感受；如果孩子没有跟我们说，那么我们要注意孩子情绪、心理、行为等方面的变化，以便及早发现。

作为学生，我们要善于保护自己。在英国菲汉姆帕克学校，当我们问起如何处理校园欺凌问题时，这所学校的老师说学生都知道如何保护自己。也就是说，学校已经让学生对欺凌问题有了比较全面的了解，并熟悉在学校解决欺凌问题的常见程序及方法。这一点，我觉得非常值得我们学习借鉴。很多时候，受欺凌学生要是能及早主动向家长、老师报告受欺凌的问题，就能免受更多欺凌。对此，一方面，我们要给学生做好解释工作，力争让学生对学校和家人产生信任；另一方面，我们要明确呈现学生报告受欺凌问题的程序及方法，以让学生掌握处理此类问题的简便有用的方法。

最后，我们要制定好处理欺凌事件的程序。

对于轻微欺凌事件，我们可以这样处理——

第一步，正式开展包括学生、老师、家长在内的会谈。

一经发现欺凌事件，就要立刻分别约谈学生，要求他们写好说明材料，并获取有关欺凌事件的依据。之后，我们就要立刻通知双方家长，安抚好受欺凌学生家长的情绪，确保欺凌学生家长认识到自家孩子的问题，同时尽早安排非常正式的会谈（如果有一方家长不能按约履行好程序，就不要急于安排正式会谈，以免引发其他问题）。

第二步，要求欺凌学生做深刻检讨及诚恳道歉。

在双方（或多方）学生及其家长在场的情况下，由老师组织欺凌学生正式做深刻检讨并向被欺凌学生诚恳道歉。当然，这样的检讨与道歉，是在做通欺凌学生及其家长思想工作的基础上开展的，是有效的，并不是走形式。

第三步，要做好预防工作。

在正式会谈中，老师要代表学校公开宣布对欺凌学生的处理意见。同时，老师要告诉受欺凌学生，如果再次受到欺凌该怎么做；告诉欺凌学生，如果再次欺凌别人会受到什么样的处罚。

以上三步，主要是让受欺凌者在心理上释放不良情绪及消除阴影，同时让双方学生及其家长都感受到欺凌事件的严重性及处理欺凌问题的严肃性，以预防后续欺凌事件的发生。

对于中度欺凌事件，我们可以这样处理——

在形式上，可以沿用处理轻微欺凌事件的形式。但是，在参加人员上，我建议学校方面要有副校长，最好是校长参与，同时最好能有辖区警察参与（这需要相关制度保障），以彰显学校对此类事件的处理力度，同时强化欺凌学生及其家长对问题的深刻认识。

对于严重欺凌事件，我们可以这样处理——

对于给受欺凌学生带来伤害的欺凌事件，比如前文中提到的小敏受欺凌的事件，就可以将欺凌学生强制带到派出所进行审讯，完全按照警察审案的程序来处理，以明文方式告知欺凌学生家长如何赔付受欺凌学生及欺凌学生要受到怎样的处罚，必要时可以拘留欺凌学生一定时间或者将欺凌学生送到专门学校。当然，对于小学生，我不建议采用此类方法。但是，对于初中及以上的学生，我认为完全可以采用此类方法，因为初中学生已经具备了基本的法律常识，虽然不具备完全意义上的刑事责任，但是依然需要承担本应承担的责任。当然，这一点需要相关法律制度做保障。

当然，不管中度欺凌事件还是严重欺凌事件，都已经超出了学校管理的范围和处理能力，这需要政府以制度的形式安排好学校与派出所的对接工作，同时制定相关法律以明确开展此类工作的合法性及权威性，从而保证此类工作的正常开展，以免不明事理的学生或其家长无理取闹。

同时，需要说明的是，因为欺凌事件有可能对受欺凌学生的心理造成伤害，所以学校、家长有必要让受欺凌学生接受专业人员的心理辅导，争取消除欺凌事件给受欺凌学生带来的心理阴影。也就是说，要尽快让受欺凌者从欺凌事件中走出来，以免受到持续的干扰。

欺凌学生虽然是施害方，但是在本质上依然是面临诸多成长问题的学生，是需要学校和家长帮助成长的学生，需要严肃教育，而非暴力打压。对此，我们需要把握好这个"度"，不要忽视了欺凌学生的"学生身份"。

欺凌事件宛如慢性毒药，会让多数受欺凌者深陷欺凌阴影中不能自拔，会让多数欺凌者获得扭曲的快感。这样的事件，所有学校、老师和家长都有责任全力预防，以让更多孩子享受安全的成长环境。

2018 年 4 月 29 日

卓越不是教出来的

今天，我们参观了威尔士的卡迪夫博物馆。在其中的地质板块，我们停留了很长的时间，有关板块运动、火山爆发、宇宙形成等视频给我留下了特别深刻的印象。我想，如果孩子们能够观看到这些项目，他们一定也会被眼前的地壳运动、火山爆发、宇宙形成等壮观奇特的现象震撼到。

我们欣喜地看到，有很多小朋友在那里观看，有的小朋友甚至只有两三岁。这么小的孩子，就初步了解了我们赖以生存的地球，这是多么幸运的事情。我想，今天的观看肯定会在这些小朋友的心中种下一颗种子，而这颗种子说不定在未来某一天就可以长成参天大树。

就在这时，我们同行的伙伴聊到了一个节目。在第三季的《中国诗词大会》决赛中，杭州快递小哥雷海为夺取了冠军，而亚军是北京大学的一位文学硕士。我们虽然都没有对结果表现出太多的惊讶，但是，这个结果无疑表明学问和学历是没有必然联系的；或者说，卓越并不是仅仅靠教就可以成就的。

那么，卓越到底是如何成就的呢？

据报道，雷海为对诗词的兴趣，是他父亲从小培养的。他的父亲会把古诗写出来，贴在厨房的墙上，教他朗诵。"他希望我能成为一个有文化涵养的人吧，将山川湖海藏于心中。"雷海为这样说。

而让他热情高涨的，是2004年他在上海一家礼品公司打工时，意外在一本《诗词写作必读》的书里，学到了格律等诗词技巧。从此，他一有空就去书店背诗，回家再默写，遇到确定不了的，第二天就再去一趟。就这样，十多年后，他熟记于心的诗词，已经过千首了。"因为我喜欢的古诗词把杭州描绘得太好了，我就想干脆来杭州工作吧。"雷海为说。

从雷海为的话语中，我们不难发现他对古诗词的喜爱一直没有改变，或者说从小就一直热爱着古诗词。他背诵这些古诗词，大学不会给他发一张毕业证，公司也不会给他加工资。这种完全没有功利性的背诵，是强大的热爱力量使然，或者说是浓厚的兴趣使然。

正因如此，一个能取得卓越成就的人，多半是对这个领域怀有浓厚兴趣的人——怀有浓厚兴趣，才不会对为兴趣付出的努力斤斤计较，才能热情高涨且又持之以恒地深入探索下去，而这是获得卓越成就的前提。不得不说，兴趣是卓越的基础。

从这个角度来说，作为老师，我们最伟大的成就，莫过于在学生心中播下一颗兴趣的种子。一旦播下这颗种子，学生自己就会愉快地奔跑起来，朝着那个他们感兴趣的方向，不知疲倦，直至永远。

而这，也正是我特别希望小学生能够经常来博物馆参观的原因。从这个角度来讲，一个最坏的老师，是什么样的老师呢？当然就是那种扼杀了学生学习兴趣的老师。现在，我们都可以想一个问题，在我们教授学生这门学科之后，学生有没有因为我们而对这门学科更加感兴趣了？

如果学生因为我们的智慧工作而对这个学科更加感兴趣了，那么我们无疑是成功的；如果学生因为我们的不当工作而对这个学科失去了兴趣，甚至开始厌恶这门学科，那么我们无疑是非常失败的。对于学生来说，最大的悲哀莫过于丧失了兴趣。

当认识到这些之后，我们就会发现，应该把日常课堂教学工作的重点放在培养学生的学习兴趣上，而不是放在一个又一个的知识点上。因为学生一旦对这个学科感兴趣，他会有无数个办法来获得那些知识点。

如何才能培养学生对学习的兴趣呢？

首先，我们可以用自己对学科的热爱来感染学生。

这是一个非常高的要求，因为有很多老师可能并不热爱自己所教授的学科。如果我们热爱所教授的学科，我们就能毫无保留地告诉学生，我们是如何热爱这门学科。即使我们不热爱所教授的学科，我们也要慢慢地发现所教授学科的特点，毕竟我们要非常长久地通过这门学科来和学生打交道。当我们培养起学生对学科的热爱之后，无形间，我们就会把对这门学科的热爱表现出来。

比如，我是教化学的，在我当班主任的时候，我曾给学生写过这么一段寄语：从元素组成上来看，我们几乎是完全相同的，但我们每个人都是独特的，或许，这就是生命的奇妙和珍贵。这段寄语，就包含很多"化学元素"，无疑展现了我对化学的热爱及理解。

其次，我们要充分展示所教授学科的价值及奥妙。

每一门学科都是非常有奥妙、有价值的。我们需要做的，就是把学科的奥妙和价值完完全全地呈现给学生。比如，我就曾对学生说我们的吃穿住行，包括我们的生命都和化学有非常紧密的关系，因为世界的本质是物质的，而我们的化学就是研究各种物质。这样的学科，是多么有价值！

我也曾无数次和学生探讨关于化学的奇妙。比如，一个鲜鸡蛋，它的主要成分是各种蛋白质，当经过母鸡孵化之后，就可以变成一只活蹦乱跳的小鸡；但是，当你把鲜鸡蛋扔进沸水中煮一会儿，再捞出来让母鸡去孵化，那么母鸡无论孵化多久，鸡蛋都不能变成小鸡。这是为什么呢？因为鲜鸡蛋被煮过之后，其内部的蛋白质发生了变性（一种化学变化），就再也不能恢复到那种具有生命力的状态了。你说，这是不是特别奇妙？

最后，我们要充分开发有关学科的各种资源。

我们的课堂不能仅仅局限于课本，课堂的范围可以大到世界的每一个角落。我们的课堂也不能只存在死板、抽象、冰冷、遥远的知识点，而应该包含一个又一个鲜活、具体、温暖的生活场景。

以化学为例，用鸡蛋清和食盐可以做盐析实验，用菠菜和粉笔可以做色谱实验；我们吸进的是氧气，呼出的是二氧化碳；腌制食品中含有亚硝酸盐等剧毒物质，新装修的房子会散发出甲醛、苯蒸气等有毒气体……在学生学习每一个知识点的时候，我希望我都能够做到"由生活走进知识点，由知识点走进生活"或者"让生活成为知识点的源头，让知识点成为生活的升华"。如此一来，化学就和生活紧密地联系在一起了。我想当我们做到这一点的时候，就在很大程度上开发了有关学科的教学资源。

卓越不是单单靠教就可以成就的。那种功利性的学习，最多只能让一个人变得优秀。卓越只能源自兴趣。在学生心中种下一颗兴趣的种子，就相当于为某一领域培育了一棵参天大树，这是足以写进一个人的教育史的光辉事迹。

2018年4月7日

拒绝改变比未知可怕

今天,华威大学的庄斐瑜老师继续给我们带来教育技术课程。在上课伊始,庄老师给我们分享了五位同学的屏幕录影(Screencast)和问答网页(Kahoot)作业。不得不说,在欣赏这五位同学的作业时,我产生了一个新的想法:拒绝改变比未知可怕。

以 Screencast 作业为例,贝蒂(Betty)同学和科科(Coco)同学分别以第一次访校的经历为背景,详细地记录了从出发到返回的心路历程,有珍贵的照片,有深刻的感悟,再配上优美的声音,制作了一个让我感到惊叹的视频。稍显不同的是,贝蒂同学以逐步打开图片的方式呈现,而科科同学是以 PPT 的形式展现,在形式上更胜一筹。两位同学在总结的时候都不约而同地提到要认真做准备,准备得越充分,制作的效果可能会越好。

最后一位分享 Screencast 作业的是温迪(Windy)同学。温迪同学和我一样是一个人住。她以"一个人的路途"为题撰写了一首小诗,然后配以从住家到公交站台的沿途风景图片,优雅而深沉地表达了自己的内心感受,给我比较强烈的冲击,引起了我的共鸣。

事实上,我也做了这份作业,但是我只用了三张照片,说了几句话,整个视频只有五十四秒。在做作业之前,我请教了同学,算是马马虎虎掌握了 Screencast 的应用技术。然而,在做作业时,我觉得,我以前没有使用过这款软件,在国内也有可以代替使用的软件,想到以后也可能不会使用这款软件,于是抱着随便便完成作业的目的,录了一个特别短的视频。

在欣赏着同学们的视频时,我在思考,我为什么会这样?

显然,我是怕麻烦的,觉得做这样的作业太浪费时间了,因为我的兴趣点、关注点根本不在这里。说得直白点,我是躺在自己的舒适区里,根本就不愿意走出来。回想一下,市教育局组织了很多次微课大赛,我一次都没有参加过。而我所使用的教育技术几乎还停留在刚工作时的那种"原始状态"。

从这个角度来说,我属于拒绝改变的人。

一个拒绝改变的人,当然不能算是完全意义上的足够"open"的人。一个拒绝改变的人的可怕之处在于,即便他知道了外界新事物也不会让新事物改变自己的一切。他每学习一个新事物,就会抛弃一个新事物,久而久之,当然就会远远地落后于别人了。

比如,如前所述,我从未参加过微课大赛,也从未在课堂上使用过微课。难道微课一点用途都没有吗?显然,微课肯定是可以在课堂上有效使用的——最起码是一种新颖的教学方式,就仅仅从"新"这一点来看,就能提升不少同学对课堂的兴趣。更何况,微课还可以供学生线上学习或课下学习,这同样是一种针对性特别强的学习方式!

而 Screencast 软件,不仅可以制作微课,更可以用于制作班级活动的集萃视频。我们给班级每一个关键的节点都留下特别的视频,这是多么有意义的事情啊!另外,对于亲人团聚的重要时刻,对于孩子成长的每一个足迹,对于生活中的每一瞬间的美好,我们都可以通过 Screencast 软件做成视频,这又是多么珍贵的记忆。

纵使知道也不改变,着实比未知而不能改变更可怕,因为前者注定了不能走在改革和创新的前沿,因为这是封闭的思维和习惯。一个走在改革和创新前沿的人,必定是足够"open"的人,因为这样的人愿意尝试、接受新事物,而我显然不属于这类人。这么想的时候,我被自己吓出了一身汗。

那就开始改变自己吧,从重新制作一份让自己满意的 Screencast 作业开始吧!

2018 年 4 月 20 日

回到出发点来评价

今天,我们在北爱尔兰考察。其间,导游给我们简单介绍了北爱尔兰的历史。1840年,爱尔兰因为土豆歉收而发生了大饥荒。然而,当时的英国王朝并没有向爱尔兰人民伸出援手。

当时的英国王朝已经对爱尔兰实施了统治,但是并没有像对待其他地方的人民那样公平对待爱尔兰人民,所以这引起了爱尔兰人民的极大愤慨,导致了几十年的持续斗争以及爱尔兰岛的分裂。事实上,要是换成其他地区的人民,同样也是会怨恨政府的,因为政府只愿享受统治权,但并不履行爱护人民的职责。回到这个出发点一看,政府的丑恶面具昭然若揭,人民当然不爱这样不按良心办事的政府了。

其实,大到政府如此,小到个人亦是如此。

比如,南方某省年年组织班主任技能大赛,而且还将班主任技能大赛与省五一劳动奖章、省名班主任及名班主任工作室主持人的评选结合起来,凡是在班主任技能大赛中获得一等奖的选手,同时还会获得省五一劳动奖章,有很大机会成为省名班主任或名班主任工作室主持人。我们不能说班主任技能大赛对班主任的专业发展没有促进作用,但促进作用的确有限,更何况那些获奖的人基本上都是那些班主任年限没有超过十年的人,那些当了二十年甚至三十年班主任的老师基本上没有获奖的可能。因此,班主任技能大赛实在不适合捆绑那么多许多老班主任想都不敢想的荣誉。这一点,应引起相关部门的重视和反思。

比如,一个校长在选拔干部的时候,按照常理,校长首要考虑的当然是选拔对象是否能够胜任工作,而不是选拔对象"跟得紧不紧""是不是自己的人"

"有没有在逢年过节时表示过"等这些德能以外的事情。如果校长主要考虑的是后者，那么这位校长肯定是不爱学校的，或者说爱自己胜过爱学校。回到这个出发点，校长有没有像猴子一样的"红屁股"，就一目了然了。不得不说，很多学校的风气不正，根源就在这儿。

比如，学生没有交作业，某老师找学生谈话。那么，老师为什么找学生谈话呢？如果在这一刹那，老师的想法是"了解了解情况，看看学生有没有遇到什么困难，或者能不能帮帮学生"，那么这样的老师无疑是关爱学生的；如果在这一刹那，老师的想法是"学生没做作业，可能会拉低我的教学成绩"，那么这样的老师很难说是关爱学生的，或者说关爱学生并不是他首先考虑的问题。虽然两者最后达到的效果可能是一样的，但是这两种老师的境界完全是不一样的。回到这个出发点，我们就知道什么样的老师才能称为"人类灵魂的工程师"了！当然，任何人都不可能跑到其他人的脑子里看看他是什么想法，不过我们自己可以判断自己的为师境界到底在哪一层。当然，老师也不是圣人，也要食人间烟火。我只想说，回到我们做事的出发点，的确可以让我们更了解自己是不是一位值得学生尊敬的老师。

……

这是一个令人眼花缭乱的世界，很多称兄道弟的人，不见得两颗心有多么近；而许久没有联系的人，或许彼此都在惦念着对方。在教育领域，更是乱象丛生，有太多能抄袭会造假、能玩概念会拉大旗、能装真教师会演真教育的人，表面上看一派欣欣向荣，实际上看却肮脏不堪，从头到尾都是为了一点"利"。

所以，对于那些想好好做教师的年轻老师，我的建议是，一方面要多观察别人，尤其是那些"名师"真正在做什么；另一方面多把《论语》《童年的秘密》《民主主义与教育》等经典读一读。

要记住，听"名师"讲，不如看"名师"做；向校外"名师"学习，实在不如向身边的优秀老师学习，你能把一个学校优秀老师的长处都学到，就不错了；读当下的书，不如读经典，用经典打下基础后，你就不容易感到错乱了；模仿"名师"的做法，实在不如用心想一想自己遇到的问题如何解决，然后扎扎实实践行自己的想法……我说这些，当然不是让年轻人怀疑一切，而是想让年轻人走得更接地气些，让年轻人更安心地关注自己的经历和感受，让年轻人更平静地读一读那些留存的经典。

回到出发点，是评价外界的利剑，当然也是拷问自我的利剑。对于教育者来说，我们在享受人间烟火的同时，更需要时常拷问自己，以让自己更高贵、更干净、更智慧……

2018 年 5 月 5 日

不要轻视任何经历

今天，华威大学的凯茜老师给我们上了一节别开生面的戏剧课。

凯茜老师告诉我们，在每个人的心中，都有一位儿时的自己，这个自己喜欢跳舞，喜欢唱歌，喜欢表演，喜欢受到关注，喜欢被热情鼓励；而戏剧课，在满足每个人儿时愿望的同时，还有其他很多重要的功能。

接着，凯茜老师提出了一个问题：为什么在华威大学，像法学院、商学院、数学学院等学院都会开设戏剧课？在我们交流讨论后，凯茜老师解释说，世界就是一个大舞台，我们每一个人都是演员，而且必须演好儿子、女儿、丈夫、妻子、父亲、母亲等各种角色，如果我们不能把握好每一个角色的特征，那么就可能演不好这个角色，最终导致很严重的后果。正因如此，凯茜老师号召我们大胆、热情地参与到今天的戏剧课中，并注意体验其中的奥秘。

为了让我们更能放得开，凯茜老师给我们做了几项破冰活动，其中让我印象深刻的，一个是扔球游戏，一个是鼓掌游戏。

怎么做扔球游戏呢？

凯茜老师让我们所有人围成一个圆圈，然后拿出一个球，告诉我们每个人在把球扔向别人时，一定要大声地说出自己的名字；每个人只能扔一次，要把球扔给那些没有接过球的人。紧接着，凯茜老师开始抛球，我们玩得不亦乐乎，有不少老师说了对方的名字。正当我们慢慢熟练地抛球时，凯茜老师又向人群中抛出第二个、第三个球，这一下子又让我们乱了方寸，一些球砸到了老师身上，一些球被扔出了圈外……

抛球游戏结束后，凯茜老师问我们有什么感受：是不是有点慌乱？是不是可以增强信任感？是不是要集中精力？

紧接着，我们一起玩了拍手游戏。

凯茜老师让我们所有人围成一个圆圈。在第一个环节，凯茜老师告诉我们，当她对着左右两边的某位老师鼓掌时，这位老师要按照相同的方向对着身边的老师鼓掌。说完后，凯茜老师对着身边的一位老师鼓掌，就这样，游戏开始了。在这个过程中，凯茜老师一直要求我们快一点、再快一点、更快一点。

这个简单的环节过后，凯茜老师指着我对大家说，我们俩有特权，可以朝着左右两边任意一个方向鼓掌，不受游戏规则的限制。这一下，就比刚才好玩多了。有时，我们故意朝着刚刚对着我们鼓掌的老师鼓掌，这样鼓掌方向一下子就被改变了，刚刚鼓过掌的那些老师又"啪啪啪"地鼓起掌来，而其他老师则笑得前仰后合。这之后，凯茜老师又宣布另外一个人也有特权，这样就有三个人有特权了，于是出现了故意让几位老师集中鼓掌的有趣现象，大家都乐了。

这些热身游戏后，凯茜老师开始组织我们正儿八经地演起《罗密欧与朱丽叶》了。因为我们团队只有三位男老师，所以我这个极度缺乏表演细胞的人，也不得不演一回罗密欧，而且还边表演边说"it is my lady!""it is my lover!""speak again!"等台词……这真的是一段奇特的经历！

我几乎是从未走上舞台表演的人，唯一一次的表演，还是在我们赴英海培班级的文艺演出上，我扮演了《甄嬛传》里的安陵容。说句实话，对于表演，我内心是恐惧的，至少是担心的，因为一直觉得自己的表情、肢体都比较僵硬，性格也不是特别能放得开。这样一个拙笨的人，如果不是遇到了这种课堂，可能一辈子都不会去表演什么了。不得不说，这样的课，确实是丰富了我的经历。

这段经历对我到底有什么作用呢？这段经历让我在舞台表演上实现了具有里程碑意义的突破，正如凯茜老师所说，表演可以增强人的体验，让人收获自信。我虽然不能说自己因此而变得非常自信，但至少不会像当初那样惧怕表演了。对于我的教育工作来讲，或许某一天我会组织学生表演某一个戏剧，或者和学生一起表演某个节目，甚至是在班级中组建一个戏剧社团……

凯茜老师在上课伊始就告诉我们，一位老师的任何一段经历，都会在教育教学中呈现出价值。对此，我深信不疑——任何经历都是有意义的，我们不要轻视自己的任何经历。

2018年4月6日

运动仅仅可以健身吗？

今天，我们在伦敦考察的时候，恰好赶上了一年一度的伦敦市马拉松比赛。

我们刚走到比赛路线附近的时候，就遇到了分发巧克力的组织者。组织者热情地给我们发放了巧克力、矿泉水及加油棒，让我们充分感受到了伦敦马拉松比赛的热情。于是，我们不由自主地加入到热烈欢呼的队伍中，疯狂地给每一位过来的参赛运动员加油呐喊！

……

作为一名教育工作者，我在为运动员加油呐喊的同时，也在思考他们举办马拉松比赛的意义。据说，伦敦马拉松比赛除了设置传统的男女组别之外，还设置了男女轮椅组。从这个角度来看，伦敦马拉松比赛提倡全民健身的理念，意在引导国民坚持运动，从而保持更健康的身体。这与英国为了减少肥胖现象而提高含糖量高的食品价格的目的是一样的，都是在传达一种更健康的生活方式。

我想，通过一种赛事来感染更多的人拥有更健康的生活方式，是伦敦马拉松比赛的重要意义。事实上，我们都知道，运动除了可以健身，还可以增强意志品质、释放心理压力、让性格更加开朗。我们都有这样的经历：一次酣畅淋漓的运动之后，我们的心情会变得特别舒畅，原有的坏脾气消失了，原有的小郁闷不见了，原有的死结也好像一下子被打开了……

从这个意义来说，我希望每一位学生至少拥有一项可以坚守终生的体育爱好，跑步、打球、爬山、骑行、武术、舞蹈等均可以，只要喜欢，只要能坚持下来，不论什么运动都值得拥有。

然而，据我所知，有不少学生不喜欢运动，有不少学校不敢让学生有更多运动，有不少家长不重视让孩子运动。事实上，体育课程比一般意义上的语文、数学、英语等学科课程更能对学生的一生产生重要的意义。不得不说，广泛普及运动常识在当下是非常有必要的，而且是刻不容缓的。

对于学校和老师来说，除了要更加重视体育课程，还要尽可能让学生有更丰富、更有趣的运动选择，不要除了做广播操，还是做广播操。我们可以跑步，也可以跳绳；我们可以有统一要求，也可以有自选动作；我们可以有日常活动，也可以有定期比赛……只要我们做到了内容丰富、形式多样、趣味性强且持之以恒，那么这样的体育课程必然能在学生心中播下终生爱运动的种子。

期待有更多人重视体育课程，有更多让学生喜欢的体育课程，更多的学生投入到运动中，期待有更能感染人运动的热烈氛围，因为运动不仅可以健身，更有能让学生受益终生的奇妙功效。

2018 年 4 月 22 日

要意识到自己的盲区

早上，在去找考察车的时候，我发现考察车不在原定位置，就误以为考察车还未到。不承想，考察车就在原定位置的旁边。原来，在我视线的正前方，停着一辆大型公交车，而这辆胖大的公交车刚好把瘦小的考察车完全遮挡住了！

这是我视线上的盲区。

其实，这次来英国考察，也让我看到了一些认识上的盲区。

比如，我曾以为我们在教育违纪学生方面存在太多迁就，以致违纪学生屡屡不能敬畏规则，甚至有违纪学生养成了"天不怕地不怕"的坏毛病。我原本以为英国是规则性特别强的国家，他们在处理违纪学生时一定特别讲规则。但事实上，通过和不少英国老师交流，我发现他们在处理违纪学生时基本以"谈"和"帮"为主，就算要惩戒学生，也要和学生"谈"，也要想办法"帮"学生，比我们更宽松。

他们为什么会这样呢？

对此，我们只要想一想我们的身份，就能立刻明白了——我们是从事教育工作的人。既然是做教育，那就是要把优秀的学生变得更加优秀，把不够优秀的学生变得足够优秀，这是我们的工作，也是我们的追求。如果每一位学生都足够优秀，那么我们工作的意义又在哪里呢？从这个角度来说，凡是有问题的地方，正是需要教育的地方。

再者，我们也必须认识到，虽然学校是学生由家庭向社会过渡的地方，但是学校既不同于家庭，也不同于社会。学校不同于家庭，这就要求我们对待学生不能像父母对待孩子那样；学校不同于社会，这就要求我们对待学生不能像社会对待公民那样。也就是说，老师给予学生的，应该是理性的帮助，既非能流出蜜汁的过分溺爱，也非黑白分明的严苛管理。

可见，学生就是学生，老师就是老师，学校就是学校，教育就是教育。这是非常特殊也非常微妙的状态。在面对任何学生时，我们只要做理性帮助学生的工作。

任何时候，我们可能都存在认识盲区。随着阅历的丰富、思考的深入及系统的学习，今天的我总能发现昨天的我的认识盲区。由此，我确信明天的我也会发现今天的我的认识盲区。或者说，这些盲区可能会越变越小，只是我必须意识到自己的认识盲区。正如我们的两只眼睛，不管这两只眼睛的视力如何好，我们都不可能单凭两只眼睛在同一时间看清周围360度的事情；即便我们借助某种工具看清了周围360度内短距离范围的事情，也不可能看清更长距离范围的事情。这就是我们的视野，在客观上是存在局限的。

当意识到自己的盲区后，我们就要尽量避免因为盲区而做出错误的判断，以免造成非常严重的后果。我们要尽量想办法缩小盲区。那么，如何才能缩小盲区呢？

一方面，我们要看透自己的事情。凡是我们看见的、听说的或做过的，我们都要认真想明白，争取慢慢看透。如果我们始终都不能尽量想明白自己及自己的事情，那么我们多半始终处于糊里糊涂的状态，连自己眼前的一片都看不透。

另一方面，我们要多了解我之外的事情。在情况允许的条件下，多走出去看看，多听别人怎么说，多看别人怎么做，然后将外界的事情与自己的事情相比较，这样就可以看出更多规律性的东西。

需要说明的是，以上两点都是技术活，比技术活更重要的是，我们首先要确定自己是存在盲区的。这个确定不是想让每一个人都变得自卑，而是要提醒每一个可能拥有话语权的人，不要随意说武断的话，不要胡乱下真理式的结论，不要将自己的认识当成所有人的认识，不要把某种可能性看成是唯一可能性，不要把自己的想法强加给别人，不要希望所有人都变成一个样，不要总认为自己天下第一……要意识到自己的盲区，让自己更谦卑、更理性、更智慧、更稳重。

2018年4月23日

传统在,传统文化教育就在

因为后续几天要去苏格兰参观,所以华威大学的戴维老师给我们介绍了苏格兰当地的习俗及传统文化。让我印象深刻的是,当地男士在结婚、庆典、联欢等重要场合,都会穿着苏格兰传统方格裙。

苏格兰方格裙起源于一种叫"基尔特"的古老服装。这是一种从腰部到膝盖的短裙,用花呢制作,布面上有连续的大方格。这种装束非常适合苏格兰高地的气候和地形,比裤子舒服,让人行动自如,因而,逐渐成为苏格兰的民族服饰。在参加喜庆活动时,苏格兰男子总是喜欢穿上漂亮的方格裙,吹奏欢快的风笛,跳起"辛特鲁勃哈斯"舞蹈……这就是苏格兰的传统。

听到这儿,我为苏格兰能保留自己的传统而感到高兴;同时,我也为中国的56个民族感到特别骄傲,因为我们也保留了自己的很多传统,并让这些传统成为世界民族之林中的一道特别亮丽的风景线。

然而,让我感到有些许遗憾的是,中国的很多传统都在慢慢淡化,甚至消失。

以春节为例,从腊月初八"吃腊八饭"起,到正月十五"闹元宵"为止,尤其是大年初一到正月十五之间,几乎每一天都有讲究,几乎每一天都有传统。但是,我们每个人都想一想,现在一到春节,我们除了大吃、猛喝、狂玩之外,还组织或参加了哪些传统活动?据我所知,很多地方都不太讲究春节的传统了,这让很多人觉得"过年越来越没有意思了"。

我为什么想说这个话题呢?

时下,有太多教育工作者在提倡大力开展传统文化教育。对于真正意义上的传统文化教育,我是非常支持的,因为这是一个民族的"根"和"魂"。然而，令人遗憾的是，我们的传统在渐渐丢失，传统文化教育又从何谈起？

从这个角度来说，传统在，传统文化教育才在。传统丢了，传统文化教育就仅仅留在历史书中了。要想扎实开展传统文化教育，首先要做的就是把传统捡起来，把传统做大做强。

比如，以贴春联为例。在我小时候，各家的春联基本上都是自己写或者由比较有文化的人代写；而现在，各家各户的春联基本上都是买来的。当初在写春联时，大家都会在众多的春联中选择吉祥如意、符合新年愿望的春联，然后有板有眼地去写，大家在串门时都会对各家春联的内容及字迹进行评判，说谁家谁家的内容特别好，说谁家谁家的字写得特别好，家长们还盼望着家里能出个会写春联的文化人！而现在，多数人家都是随便买副春联贴上，这当中少了太多"年"的味道。如果家家户户都购买春联，那么春节贴春联的传统还在吗？！

传统的"年味"没有了，剩下的只有吃吃喝喝玩玩了！

这就是我们给一代又一代孩子留下的只剩下吃吃喝喝玩玩的春节了！再过一些年头，当我们给孩子说起当初是用毛笔写春联时，他们会不会感到特别惊奇？他们会不会以为我们是从古代穿越而来的？那时的他们，还能体会到多少"年味"？

传统在，传统文化教育就在。

那么，我们可以做些什么呢？

作为一位班主任，我们可以在放寒假的时候，给学生布置一项"懂春联，写春联，贴春联"的假期作业，请学生将自己的春联书法作品拍成照片上传到班级 QQ 群或微信群。在开学后，班主任可以"懂春联，写春联，贴春联"为主题，开展一节班会课，进一步让"春联"文化深入人心。

作为一位语文老师、书法老师或美术老师，我们可以在寒假放假前，以"一幅优秀春联的 N 个特征"为主题，为学生开一节有关如何评价春联、如何构思春联、如何书写春联的课，让学生知道春联、会拟春联、会写春联。

作为一位其他学科的老师，当然也可以春联为主题给学生开设一节课。如果实在不方便，我们最起码还可以做好自己——我们的春联，我们自己写，或者鼓励我们的孩子来写。这样做，至少为自己的孩子保留了更多的"年味"。

文化主管部门或政府部门当然不能禁止厂家印刷春联，但是我们可以广泛开展"自己写春联，名家送春联"的活动，不断让"写春联"成为一种高品质的春节追求,让"写春联"成为一种很有意义的主流文化。坚持这样做,若干年后,写春联的家庭或许就多起来了吧!

……

以上是我以春联为例,所思索的如何更好地保留传统的方法。事实上,中国的传统文化特别丰富,几乎每一项传统文化都有相应的传统活动。我们实在有必要将各种各样的传统活动有声有色地广泛开展起来——那些参与其中的孩子,在无意间就会被熏陶,在无意间就把传统文化继承下来了,无意间就能在传统文化的引领下成长。而这,不就是我们加强传统文化教育的目的吗?

传统在,传统文化教育就在,传统文化教育在无形中就有效开展起来了;传统不在了,传统文化教育就失去了土壤,任何加强传统文化教育的努力都将是隔靴搔痒。当然,传统文化的存留,不是一位老师和一所学校能左右的。

在更广阔的天地里,只有教育部门与文化主管部门积极行动起来,在学校里扎实开展传统文化教育课程,在社会上大力组织传统文化活动,让"传统"回到社会生活中并成为社会生活不可或缺的一部分,让包括所有儿童在内的全体中国人都能完整地经历传统活动并持续地置身于传统文化中,这才是最靠谱、最有效、最成功的传统文化教育。

让我们一起努力吧!

2018 年 3 月 28 日

后记　为教育变革找一条出路

今天是 2018 年 11 月 17 日，距我从英国回来刚好满六个月。时间过得真快。

现在回想起来，我在英国度过了一段难以忘怀的时光。作为一名普通老师，我可能再也没有这种连续两个月出国考察的机会了。正因如此，我对这次赴英考察特别珍惜。在出发之前，我就提醒自己，要通过教育的视角，用心感受在英国的点滴，务必把一切看到的、听到的、想到的都及时记录下来。就这样，我坚持每天至少写一篇文章。

这样看来，我写作本书的时间，实际上只有两个月；而修改本书的时间，已经满六个月了，而且还会持续一段时间。我希望通过我的修改，能够将文字变得更精练，将观点变得更鲜明，将书稿变得更有价值，进而让每一位读到此书的教育同仁都能有所收获，即便是批判后的收获。我要对自己负责，要对作品负责，更要对读者负责。

对书稿的修改，其中就包括书名的商定。起初，我将书名拟为"英国教育考察记"，并求教于华东师范大学出版社北京分社李永梅社长。李社长给我的建议是：书名一定要能够突出书稿的主题。李社长的建议引发了我对书稿的深入思考：这本书稿到底要传递什么？

在这本书稿中，我除了记录大量有关英国学校的文字，同时也留下不少有关英国社会的记忆。比如，在爱丁堡市考察期间，我走进了爱丁堡市设立的"人民故事博物馆"，该馆记录了苏格兰 18 世纪末至 20 世纪末普通老百姓（包括农民、士兵、佣人、商人等各个阶层的老百姓）的生活、工作和学习情况，讲述了真实的故事，展示了真实的物品，揭示了普通老百姓的辛酸历史，同时也把普通老百姓融入伟大的历史进程中。

不得不说，爱丁堡人民故事博物馆具有强大的教育功能。当一位又一位儿童走进爱丁堡人民故事博物馆时，他们能不能感受到全社会对普通老百姓的尊重，他们是不是想到全社会应该给予普通老百姓应有的平等，他们会不会在无形中萌生出更浓烈的"平民"意识？

类似的诸多现象让我认识到：当教育情境的指向与教育目标的要求相匹配时，教育工作才能充分发挥应有的作用；当教育情境的指向与教育目标的要求相违背时，教育工作的效果将会大打折扣。客观地说，教育情境是教育工作产生教育影响的土壤。比如，我们要求学生爱惜环境，但学生走出校园后看到的是一片狼藉，学生做到爱惜环境的可能性则微乎其微。

不管是学校教育，还是社会教育和家庭教育，其道理均是如此。教育效果的产生，是基于学生在教育情境中真实地感受到了什么，这种感受是最有影响的教育力量，能够让学生在基于理性判断的基础上选择、内化与教育情境相一致的言行，正所谓"耳濡目染"——人类社会文明的演进，不也正是如此吗？从这个角度来说，社会、家庭、学校，皆是教育情境的构成部分，均悄悄地对学生施加着教育影响。如果大多数学生的言行并不像教育目标要求的那样，那就说明整个教育情境的指向与教育目标的要求相去甚远。

思考到这，我突然明白教育为什么如此复杂、艰难——因为教育情境的优劣不是一个人说了算的；我，你，他，每一个人都是教育情境的建构者，每一个人都承担了教育者的角色，每一个人也都是受教育者，大家相互交织，相互影响。因此，教育的改善，需要的是更多人的自觉参与，不管你是不是教师。

以上是人形成的教育情境，同样，物也可以形成教育情境，事同样可以形成教育情境。最有力量的教育情境，当然就是人、物、事所形成的教育情境因指向一致而构成的立体教育情境。这样想的时候，我把书名定为"好情境，就是好教育：英国教育观察"，这个书名既鲜明地突出了本书的主题，也是本书的灵魂所在。

每一位热爱教育的人，都在默默地为教育变革找一条出路。本书为教育变革找的出路就是大家要重视包括人、物、事在内的完整教育情境的构建。这也是我出版此书的期望，欢迎所有对此有兴趣的同仁批评、指正。最后，感谢为我顺利赴英考察付出的家人、同事和领导，感谢为我在英国考察期间的生活、学习提供帮助的同学、老师和住家，感谢为出版此书贡献很多智慧的朋友。

愿未来如我们期待的一样美好！

赵　坡

图书在版编目（CIP）数据

好情境，就是好教育：英国教育观察/赵坡著.—上海：华东师范大学出版社，2020
ISBN 978-7-5760-0325-3

Ⅰ.①好… Ⅱ.①赵… Ⅲ.①教育—研究—英国 Ⅳ.① G556.1

中国版本图书馆 CIP 数据核字（2020）第 058336 号

大夏书系·教育观察

好情境，就是好教育：英国教育观察

著　　者	赵　坡
策划编辑	李永梅
责任编辑	万丽丽
责任校对	殷艳红　杨　坤
封面设计	奇文云海·设计顾问
出版发行	华东师范大学出版社
社　　址	上海市中山北路3663号　邮编　200062
网　　址	www.ecnupress.com.cn
电　　话	021-60821666　行政传真　021-62572105
客服电话	021-62865537
邮购电话	021-62869887　地址　上海市中山北路3663号华东师范大学校内先锋路口
网　　店	http://hdsdcbs.tmall.com
印刷者	北京季蜂印刷有限公司
开　　本	700×1000　16开
插　　页	1
印　　张	15.5
字　　数	230千字
版　　次	2020年8月第一版
印　　次	2020年8月第一次
印　　数	6 100
书　　号	ISBN 978-7-5760-0325-3
定　　价	49.80元
出版人	王　焰

（如发现本版图书有印订质量问题，请寄回本社市场部调换或电话021-62865537联系）